《中华人民共和国民法典》婚姻家庭编学习读本

中共中央宣传部宣传教育局
全国人大常委会法制工作委员会民法室
司法部普法与依法治理局
编

中国民主法制出版社

图书在版编目（CIP）数据

《中华人民共和国民法典》婚姻家庭编学习读本/
中共中央宣传部宣传教育局，全国人大常委会法制工作委员会民法室，司法部普法与依法治理局编．—北京：中国民主法制出版社，2021.1
ISBN 978-7-5162-2224-9

Ⅰ.①中… Ⅱ.①中… ②全… ③司… Ⅲ.①婚姻法—中国—学习参考资料 Ⅳ.①D923.94

中国版本图书馆 CIP 数据核字（2020）第 069271 号

图书出品人： 刘海涛
出版统筹： 乔先彪
责任编辑： 乔先彪 陈 曦 逯卫光 庞贺鑫
许泽荣 贾萌萌 谢瑾勋

书名/《中华人民共和国民法典》婚姻家庭编学习读本
作者/ 中共中央宣传部宣传教育局
全国人大常委会法制工作委员会民法室 编
司法部普法与依法治理局

出版·发行/ 中国民主法制出版社
地址/ 北京市丰台区右安门外玉林里 7 号（100069）
电话/（010）63055259（总编室） 63058068 63057714（营销中心）
传真/（010）63055259
http：//www.npcpub.com
E-mail：mzfz@npcpub.com
经销/ 新华书店
开本/ 32 开 880 毫米×1230 毫米
印张/ 7.125 **字数/** 154 千字
版本/ 2021 年 2 月第 1 版 2021 年 2 月第 1 次印刷
印刷/ 北京新华印刷有限公司

书号/ ISBN 978-7-5162-2224-9
定价/ 30.00 元

出 版 说 明

为深入学习贯彻习近平法治思想，加强民法典学习宣传工作，根据《中共中央宣传部等八部门关于加强民法典学习宣传的通知》要求，中共中央宣传部宣传教育局、全国人大常委会法制工作委员会民法室、司法部普法与依法治理局联合编辑出版了《民法典学习读本系列》，分民法典总则编、物权编、合同编、人格权编、婚姻家庭编、继承编、侵权责任编等7编。编写本书旨在以通俗、凝练、生动的语言，让民法典走到群众身边、走进群众心里，切实增强全民法治观念，提升公民法治素养，夯实依法治国社会基础，供干部群众实践中使用。

2020年12月4日

编　者

习近平在中央政治局第二十次集体学习时强调

充分认识颁布实施民法典重大意义 依法更好保障人民合法权益

《人民日报》（2020 年 05 月 30 日　01 版）

民法典在中国特色社会主义法律体系中具有重要地位，是一部固根本、稳预期、利长远的基础性法律，对推进全面依法治国、加快建设社会主义法治国家，对发展社会主义市场经济、巩固社会主义基本经济制度，对坚持以人民为中心的发展思想、依法维护人民权益、推动我国人权事业发展，对推进国家治理体系和治理能力现代化，都具有重大意义。全党要切实推动民法典实施，以更好推进全面依法治国、建设社会主义法治国家，更好保障人民权益

民法典系统整合了新中国 70 多年来长期实践形成的民事法律规范，汲取了中华民族 5000 多年优秀法律文化，借鉴了人类法治文明建设有益成果，是一部体现我国社会主义性质、符合人民利益和愿望、顺应时代发展要求的民法典，是一部体现对生命健康、财产安全、交易便利、生活幸福、人格尊严等各方面权利平等保护的民法典，是一部具有鲜明中国特色、实践特色、时代特色的民法典

民法典实施水平和效果，是衡量各级党政机关履行为人民服务宗旨的重要尺度。国家机关履行职责、行使职权必须清楚自身行为和活动的范围和界限。各级党和国家机关开展工作要考虑民法典规定，不能侵犯人民群众享有的合法民事权利，包

括人身权利和财产权利。有关政府机关、监察机关、司法机关要依法履行职能、行使职权，保护民事权利不受侵犯、促进民事关系和谐有序

民法典要实施好，就必须让民法典走到群众身边、走进群众心里。要广泛开展民法典普法工作，将其作为“十四五”时期普法工作的重点来抓。要把民法典纳入国民教育体系，加强对青少年民法典教育

新华社北京5月29日电　中共中央政治局5月29日下午就“切实实施民法典”举行第二十次集体学习。中共中央总书记习近平在主持学习时强调，民法典在中国特色社会主义法律体系中具有重要地位，是一部固根本、稳预期、利长远的基础性法律，对推进全面依法治国、加快建设社会主义法治国家，对发展社会主义市场经济、巩固社会主义基本经济制度，对坚持以人民为中心的发展思想、依法维护人民权益、推动我国人权事业发展，对推进国家治理体系和治理能力现代化，都具有重大意义。全党要切实推动民法典实施，以更好推进全面依法治国、建设社会主义法治国家，更好保障人民权益。

全国人大常委会法制工作委员会民法室主任、中国法学会行政法学研究会副会长黄薇同志就这个问题进行了讲解，提出了意见和建议。

习近平在主持学习时发表了讲话。他强调，《中华人民共和国民法典》，是新中国成立以来第一部以“法典”命名的法律，是新时代我国社会主义法治建设的重大成果。安排这次集体学习，目的是充分认识颁布实施民法典的重大意义，更好推动民法典实施。

习近平指出，在我国革命、建设、改革各个历史时期，我们党都高度重视民事法律制定实施。改革开放以来，我国民事商事法制建设步伐不断加快，先后制定或修订了一大批民事商事法律，为编纂民法典奠定了基础、积累了经验。党的十八大以来，我们顺应实践发展要求和人民群众期待，把编纂民法典摆上重要日程。党的十八届四中全会作出关于全面推进依法治国若干重大问题的决定，其中对编纂民法典作出部署。在各方面共同努力下，经过 5 年多工作，民法典终于颁布实施，实现了几代人的夙愿。

习近平强调，民法典系统整合了新中国 70 多年来长期实践形成的民事法律规范，汲取了中华民族 5000 多年优秀法律文化，借鉴了人类法治文明建设有益成果，是一部体现我国社会主义性质、符合人民利益和愿望、顺应时代发展要求的民法典，是一部体现对生命健康、财产安全、交易便利、生活幸福、人格尊严等各方面权利平等保护的民法典，是一部具有鲜明中国特色、实践特色、时代特色的民法典。

习近平指出，要加强民法典重大意义的宣传教育，讲清楚实施好民法典，是坚持以人民为中心、保障人民权益实现和发展的必然要求，是发展社会主义市场经济、巩固社会主义基本经济制度的必然要求，是提高我们党治国理政水平的必然要求。民法典实施水平和效果，是衡量各级党政机关履行为人民服务宗旨的重要尺度。国家机关履行职责、行使职权必须清楚自身行为和活动的范围和界限。各级党和国家机关开展工作要考虑民法典规定，不能侵犯人民群众享有的合法民事权利，包括人身权利和财产权利。有关政府机关、监察机关、司法机关要依法履行职能、行使职权，保护民事权利不受侵犯、促进民事关系和谐有序。

习近平强调，有关国家机关要适应改革开放和社会主义现代化建设要求，加强同民法典相关联、相配套的法律法规制度建设，不断总结实践经验，修改完善相关法律法规和司法解释。对同民法典规定和原则不一致的国家有关规定，要抓紧清理，该修改的修改，该废止的废止。要发挥法律解释的作用，及时明确法律规定含义和适用法律依据，保持民法典稳定性和适应性相统一。随着经济社会不断发展、经济社会生活中各种利益关系不断变化，民法典在实施过程中必然会遇到一些新情况新问题。要坚持问题导向，适应技术发展进步新需要，在新的实践基础上推动民法典不断完善和发展。

习近平指出，严格规范公正文明执法，提高司法公信力，是维护民法典权威的有效手段。各级政府要以保证民法典有效实施为重要抓手推进法治政府建设，把民法典作为行政决策、行政管理、行政监督的重要标尺，不得违背法律法规随意作出减损公民、法人和其他组织合法权益或增加其义务的决定。要规范行政许可、行政处罚、行政强制、行政征收、行政收费、行政检查、行政裁决等活动，提高依法行政能力和水平。依法严肃处理侵犯群众合法权益的行为和人员。民事案件同人民群众权益联系最直接最密切。各级司法机关要秉持公正司法，提高民事案件审判水平和效率。要加强民事司法工作，提高办案质量和司法公信力。要及时完善相关民事司法解释，使之同民法典及有关法律规定和精神保持一致，统一民事法律适用标准。要加强对涉及财产权保护、人格权保护、知识产权保护、生态环境保护等重点领域的民事审判工作和监督指导工作，及时回应社会关切。要加强民事检察工作，加强对司法活动的监督，畅通司法救济渠道，保护公民、法人和其他组织合法权益，坚决防止以刑事案件名义插手民事纠纷、经济纠纷。要充分发挥律师事务所和律师等法律专业机构、专业人员的作用，帮助群众实现和维护自身合法权益，同时要发挥人民调解、商事仲裁等多元化纠纷解决机制的作用，加强法律援助、司法救助等工作，通过社会力量和基层组织务实解决民事纠纷，多方面推进民法典实施工作。

习近平强调，民法典要实施好，就必须让民法典走到群众身边、走进群众心里。要广泛开展民法典普法工作，将其作为“十四五”时期普法工作的重点来抓，引导群众认识到民法典既是保护自身权益的法典，也是全体社会成员都必须遵循的规范，养成自觉守法的意识，形成遇事找法的习惯，培养解决问题靠法的意识和能力。要把民法典纳入国民教育体系，加强对青少年民法典教育。要聚焦民法典总则编和各分编需要把握好的核心要义和重点问题，阐释好民法典关于民事活动平等、自愿、公平、诚信等基本原则，阐释好民法典关于坚持主体平等、保护财产权利、便利交易流转、维护人格尊严、促进家庭和谐、追究侵权责任等基本要求，阐释好民法典一系列新规定新概念新精神。

习近平强调，要坚持以中国特色社会主义法治理论为指导，立足我国国情和实际，加强对民事法律制度的理论研究，尽快构建体现我国社会主义性质，具有鲜明中国特色、实践特色、时代特色的民法理论体系和话语体系，为有效实施民法典、发展我国民事法律制度提供理论支撑。

习近平指出，各级党和国家机关要带头宣传、推进、保障民法典实施，加强检查和监督，确保民法典得到全面有效执行。各级领导干部要做学习、遵守、维护民法典的表率，提高运用民法典维护人民权益、化解矛盾纠纷、促进社会和谐稳定能力和水平。

习近平在中央全面依法治国工作会议上强调

坚定不移走中国特色社会主义法治道路
为全面建设社会主义现代化国家
提供有力法治保障

李克强主持　栗战书汪洋赵乐际韩正出席　王沪宁讲话

《人民日报》(2020 年 11 月 18 日　第 01 版)

推进全面依法治国要全面贯彻落实党的十九大和十九届二中、三中、四中、五中全会精神，从把握新发展阶段、贯彻新发展理念、构建新发展格局的实际出发，围绕建设中国特色社会主义法治体系、建设社会主义法治国家的总目标，坚持党的领导、人民当家作主、依法治国有机统一，以解决法治领域突出问题为着力点，坚定不移走中国特色社会主义法治道路，在法治轨道上推进国家治理体系和治理能力现代化，为全面建设社会主义现代化国家、实现中华民族伟大复兴的中国梦提供有力法治保障

习近平法治思想内涵丰富、论述深刻、逻辑严密、系统完备，从历史和现实相贯通、国际和国内相关联、理论和实际相结合上深刻回答了新时代为什么实行全面依法治国、怎样实行全面依法治国等一系列重大问题。习近平法治思想是顺应实现中华民族伟大复兴时代要求应运而生的重大理论创新成果，是马克思主义法治理论中国化最新成果，是习近平新时代中国特色社会主义思想的重要组成部分，是全面依法治国的根本遵循和行动指南。全党全国要认真学习领会习近平法治思想，吃透基本精神、把握核心要义、明确工作要求，切实把习近平法治

思想贯彻落实到全面依法治国全过程

要坚持党对全面依法治国的领导。要坚持以人民为中心。要坚持中国特色社会主义法治道路。要坚持依宪治国、依宪执政。要坚持在法治轨道上推进国家治理体系和治理能力现代化。要坚持建设中国特色社会主义法治体系。要坚持依法治国、依法执政、依法行政共同推进，法治国家、法治政府、法治社会一体建设。要坚持全面推进科学立法、严格执法、公正司法、全民守法。要坚持统筹推进国内法治和涉外法治。要坚持建设德才兼备的高素质法治工作队伍。要坚持抓住领导干部这个“关键少数”

本报北京 11 月 17 日电　中央全面依法治国工作会议 11 月 16 日至 17 日在北京召开。中共中央总书记、国家主席、中央军委主席习近平出席会议并发表重要讲话，强调推进全面依法治国要全面贯彻落实党的十九大和十九届二中、三中、四中、五中全会精神，从把握新发展阶段、贯彻新发展理念、构建新发展格局的实际出发，围绕建设中国特色社会主义法治体系、建设社会主义法治国家的总目标，坚持党的领导、人民当家作主、依法治国有机统一，以解决法治领域突出问题为着力点，坚定不移走中国特色社会主义法治道路，在法治轨道上推进国家治理体系和治理能力现代化，为全面建设社会主义现代化国家、实现中华民族伟大复兴的中国梦提供有力法治保障。

会议强调，习近平法治思想内涵丰富、论述深刻、逻辑严密、系统完备，从历史和现实相贯通、国际和国内相关联、理论和实际相结合上深刻回答了新时代为什么实行全面依法治国、怎样实行全面依法治国等一系列重大问题。习近平法治思想是顺应实现中华民族伟大复兴时代要求应运而生的重大理论创新成果，是马克思主义法治理论中国化最新成果，是习近平新时代中国特色社会主义思想的重要组成部分，是全面依法治国的根本遵循和行动指南。全党全国要认真学习领会习近平法治思想，吃透基本精神、把握核心要义、明确工作要求，切实把习近平法治思想贯彻落实到全面依法治国全过程。

李克强主持会议。栗战书、汪洋、赵乐际、韩正出席会议。王沪宁作总结讲话。

习近平在讲话中强调，我们党历来重视法治建设。党的十八大以来，党中央明确提出全面依法治国，并将其纳入“四个全面”战略布局予以有力推进。党的十八届四中全会专门进行研究，作出关于全面推进依法治国若干重大问题的决定。党的十九大召开后，党中央组建中央全面依法治国委员会，从全局和战略高度对全面依法治国又作出一系列重大决策部署，推动我国社会主义法治建设发生历史性变革、取得历史性成就，全面依法治国实践取得重大进展。

习近平对当前和今后一个时期推进全面依法治国要重点抓好的工作提出了 11 个方面的要求。

习近平强调，要坚持党对全面依法治国的领导。党的领导是推进全面依法治国的根本保证。国际国内环境越是复杂，改革开放和社会主义现代化建设任务越是繁重，越要运用法治思维和法治手段巩固执政地位、改善执政方式、提高执政能力，保证党和国家长治久安。全面依法治国是要加强和改善党的领导，健全党领导全面依法治国的制度和工作机制，推进党的领导制度化、法治化，通过法治保障党的路线方针政策有效实施。

习近平强调，要坚持以人民为中心。全面依法治国最广泛、最深厚的基础是人民，必须坚持为了人民、依靠人民。要把体现人民利益、反映人民愿望、维护人民权益、增进人民福祉落实到全面依法治国各领域全过程。推进全面依法治国，根本目的是依法保障人民权益。要积极回应人民群众新要求新期待，系统研究谋划和解决法治领域人民群众反映强烈的突出问题，不断增强人民群众获得感、幸福感、安全感，用法治保障人民安居乐业。

习近平指出，要坚持中国特色社会主义法治道路。中国特色社会主义法治道路本质上是中国特色社会主义道路在法治领域的具体体现。既要立足当前，运用法治思维和法治方式解决经济社会发展面临的深层次问题；又要着眼长远，筑法治之基、行法治之力、积法治之势，促进各方面制度更加成熟更加定型，为党和国家事业发展提供长期性的制度保障。要传承中华优秀传统法律文化，从我国革命、建设、改革的实践中探索适合自己的法治道路，同时借鉴国外法治有益成果，为全面建设社会主义现代化国家、实现中华民族伟大复兴夯实法治基础。

习近平强调，要坚持依宪治国、依宪执政。党领导人民制定宪法法律，领导人民实施宪法法律，党自身要在宪法法律范围内活动。全国各族人民、一切国家机关和武装力量、各政党和各社会团体、各企业事业组织，都必须以宪法为根本的活动准则，都负有维护宪法尊严、保证宪法实施的职责。坚持依宪治国、依宪执政，就包括坚持宪法确定的中国共产党领导地位不动摇，坚持宪法确定的人民民主专政的国体和人民代表大会制度的政体不动摇。

习近平指出，要坚持在法治轨道上推进国家治理体系和治理能力现代化。法治是国家治理体系和治理能力的重要依托。只有全面依法治国才能有效保障国家治理体系的系统性、规范性、协调性，才能最大限度凝聚社会共识。在统筹推进伟大斗争、伟大工程、伟大事业、伟大梦想的实践中，在全面建设社会主义现代化国家新征程上，我们要更加重视法治、厉行法治，更好发挥法治固根本、稳预期、利长远的重要作用，坚持依法应对重大挑战、抵御重大风险、克服重大阻力、解决重大矛盾。

习近平指出，要坚持建设中国特色社会主义法治体系。中国特色社会主义法治体系是推进全面依法治国的总抓手。要加快形成完备的法律规范体系、高效的法治实施体系、严密的法治监督体系、有力的法治保障体系，形成完善的党内法规体系。要坚持依法治国和以德治国相结合，实现法治和德治相辅相成、相得益彰。要积极推进国家安全、科技创新、公共卫生、生物安全、生态文明、防范风险、涉外法治等重要领域立法，健全国家治理急需的法律制度、满足人民日益增长的美好生活需要必备的法律制度，以良法善治保障新业态新模式健康发展。

习近平强调，要坚持依法治国、依法执政、依法行政共同推进，法治国家、法治政府、法治社会一体建设。全面依法治国是一个系统工程，要整体谋划，更加注重系统性、整体性、协同性。法治政府建设是重点任务和主体工程，要率先突破，用法治给行政权力定规矩、划界限，规范行政决策程序，加快转变政府职能。要推进严格规范公正文明执法，提高司法公信力。普法工作要在针对性和实效性上下功夫，特别是要加强青少年法治教育，不断提升全体公民法治意识和法治素养。要完善预防性法律制度，坚持和发展新时代“枫桥经验”，促进社会和谐稳定。

习近平指出，要坚持全面推进科学立法、严格执法、公正司法、全民守法。要继续推进法治领域改革，解决好立法、执法、司法、守法等领域的突出矛盾和问题。公平正义是司法的灵魂和生命。要深化司法责任制综合配套改革，加强司法制约监督，健全社会公平正义法治保障制度，努力让人民群众在每一个司法案件中感受到公平正义。要加快构建规范高效的制约监督体系。要推动扫黑除恶常态化，坚决打击黑恶势力及其“保护伞”，让城乡更安宁、群众更安乐。

习近平强调，要坚持统筹推进国内法治和涉外法治。要加快涉外法治工作战略布局，协调推进国内治理和国际治理，更好维护国家主权、安全、发展利益。要强化法治思维，运用法治方式，有效应对挑战、防范风险，综合利用立法、执法、司法等手段开展斗争，坚决维护国家主权、尊严和核心利益。要推动全球治理变革，推动构建人类命运共同体。

习近平指出，要坚持建设德才兼备的高素质法治工作队伍。要加强理想信念教育，深入开展社会主义核心价值观和社会主义法治理念教育，推进法治专门队伍革命化、正规化、专业化、职业化，确保做到忠于党、忠于国家、忠于人民、忠于法律。要教育引导法律服务工作者坚持正确政治方向，依法依规诚信执业，认真履行社会责任。

习近平强调，要坚持抓住领导干部这个“关键少数”。各级领导干部要坚决贯彻落实党中央关于全面依法治国的重大决策部署，带头尊崇法治、敬畏法律，了解法律、掌握法律，不断提高运用法治思维和法治方式深化改革、推动发展、化解矛盾、维护稳定、应对风险的能力，做尊法学法守法用法的模范。要力戒形式主义、官僚主义，确保全面依法治国各项任务真正落到实处。

习近平指出，推进全面依法治国是国家治理的一场深刻变革，必须以科学理论为指导，加强理论思维，不断从理论和实践的结合上取得新成果，总结好、运用好党关于新时代加强法治建设的思想理论成果，更好指导全面依法治国各项工作。

李克强在主持会议时指出，习近平总书记的重要讲话全面总结了党的十八大以来法治建设取得的成就，深刻阐明了深入推进新时代全面依法治国的重大意义，系统阐述了新时代中国特色社会主义法治思想，科学回答了中国特色社会主义法治建设一系列重大理论和实践问题，对当前和今后一个时期全面依法治国工作作出了战略部署，具有很强的政治性、思想性、理论性，是指导新时代全面依法治国的纲领性文献。要认真学习领会和贯彻落实。要增强“四个意识”、坚定“四个自信”、做到“两个维护”，把会议精神转化为做好全面依法治国各项工作的强大动力，转化为推进法治建设的思路举措，转化为全面建设社会主义法治国家的生动实践，不断开创法治中国建设新局面。

王沪宁在总结讲话中表示，习近平总书记重要讲话高屋建瓴、视野宏阔、内涵丰富、思想深刻，体现了深远的战略思维、鲜明的政治导向、强烈的历史担当、真挚的为民情怀，是指导新时代全面依法治国的纲领性文献。要全面准确学习领会习近平法治思想，牢牢把握全面依法治国政治方向、重要地位、工作布局、重点任务、重大关系、重要保障，切实在全面依法治国各项工作中加以贯彻落实。

中央宣传部、生态环境部负责同志，北京、上海、浙江、广东 4 省市党委全面依法治省（市）委员会办公室主任作交流发言。

中共中央政治局委员、中央书记处书记，全国人大常委会有关领导同志，国务委员，最高人民法院院长，最高人民检察院检察长，全国政协有关领导同志等出席会议。

中央全面依法治国委员会委员，各省区市和计划单列市、新疆生产建设兵团党委全面依法治省（区、市、兵团）委员会主任，中央和国家机关有关部门、有关人民团体、中央军委机关有关部门主要负责同志等参加会议。

目录

CONTENTS

第五编
001 | **婚姻家庭**

第一章
002 | **一般规定**

第二章
020 | **结婚**

第三章
045 | **家庭关系**
第一节　夫妻关系 / 045
第二节　父母子女关系和其他近亲属关系 / 076

第四章
101 | **离婚**

第五章
147 | **收养**
第一节　收养关系的成立 / 148
第二节　收养的效力 / 187
第三节　收养关系的解除 / 193

第五编　婚姻家庭

家庭生活关系在民法上称作婚姻家庭关系或亲属关系，调整婚姻家庭关系或亲属关系的民法规范称作婚姻家庭法或亲属法，属于身份法。婚姻家庭法或亲属法规范的婚姻家庭关系是基于两性关系、血缘关系和扶养关系而形成的人与人之间的关系。血缘关系也包括法律拟制血缘关系，这是家庭生活中自然血缘关系的必要补充。

我国的婚姻家庭制度是具有中国特色的社会主义婚姻家庭制度。婚姻家庭立法作为规范婚姻家庭关系的基本准则，涉及家家户户的利益。新中国成立以后，1950 年中央人民政府委员会第七次会议通过婚姻法，1980 年五届全国人大三次会议通过新的婚姻法，2001 年作了修改。1991 年全国人大常委会通过了收养法，1998 年作了修改。婚姻法、收养法实施以来，对于维护平等、和睦、文明的婚姻家庭关系，保护合法的收养关系发挥了重要作用。

随着经济社会文化的发展和社会主要矛盾的变化，我国进入新的历史时期，婚姻观念、家庭关系也发生了很大变化，婚姻家庭领域也出现了一些新情况。为进一步弘扬夫妻互敬、孝老爱亲、家庭和睦的中华民族传统美德，体现社会主义核心价值观，促进婚姻家庭关系和谐稳定，婚姻家庭编以婚姻法和收养法为基础，在坚持婚姻自由、男女平等、一夫一妻等基本原则和特别保护妇女、未成年人和老年人权益的前提下，结合社会发展的需要，修改了部分规定，并增加了一些新规定。婚姻家庭编共五章、七十九条。

第一章　一般规定

本章为“一般规定”，亦为本编的总则篇。本章共六条，对婚姻家庭编的调整范围、婚姻家庭关系基本原则、婚姻家庭中禁止行为、婚姻家庭道德规范、收养原则以及亲属、近亲属、家庭成员等作了规定。

第一千零四十条　本编调整因婚姻家庭产生的民事关系。

❖ 条文主旨 ❖

本条是关于婚姻家庭编调整范围的规定。

❖ 条文解读 ❖

婚姻家庭法，或称亲属法，是调整婚姻、亲属间权利义务关系的法律。它主要规定婚姻、亲属间身份关系的产生、变更和消灭，以及基于这种关系而产生的民事权利和义务。婚姻家庭法涉及家家户户，关系每一位公民的切身利益。

婚姻是男女两性的结合，这种结合形成当时社会制度所确认的夫妻关系。婚姻从不同角度，有多种分类。例如，依婚姻史，分为乱婚、群婚、对偶婚[①]和一夫一妻制婚。依结婚是否为要式行为，分为法律婚、宗教婚和事实婚。依结婚是否出于当事人的意愿，分为自主婚和买卖婚、包办婚、胁迫婚、抢夺婚。依男娶女嫁还是男到女家，分为聘娶婚和赘婚。依婚姻当

① 对偶婚：亦称对偶家庭。指原始社会时期，不同民族的成年男女双方，在或长或短的时间内实行由一男一女组成配偶，以女子为中心，婚姻关系不稳固的一种婚姻形式。

事人之间有无亲属关系，分为中表婚①、远亲婚和非亲婚。依当事人结婚时的年龄，分为童婚、早婚和晚婚。依结婚的次数，分为初婚和再婚。依当事人是否同时具有数个婚姻关系，分为单婚和重婚。依婚姻是否具有法律效力，分为有效婚和无效婚。依婚姻是否为男女异性间的行为，分为两性婚和同性婚。

家庭，或可称家，为以永久共同生活为目的而同居的亲属团体。在氏族社会，个人和家族无独立人格，只有氏族才具有人格，氏族是以共同祖先而结合的血缘团体。进入阶级国家时代，氏族消失代之以宗族，进入宗法时代。宗族的特征是父系父权父治、族外婚、长子继承制。虽然宗族内也有家族，但家族无人格，只是消费团体。封建崩溃，宗法时代结束，宗族渐变为大家族制度。大家族制度，家族为独立经济主体，家长统家政。大家族制度之下，农户虽依附家族，但独立为户，有编户制度。随着经济社会的发展，大家族制崩溃，进入小家族制，农户通常已不再依附于家族而成为独立家庭。在封建时代，中西方普遍存在家长制。进入资本主义时代之后，社会生活和家庭结构发生重大变化，家长制逐渐消失，在大陆法系国家旧民法中仍有家长制的相关规定，现在的新民法基本上已没有相关规定。

现代家庭多是以父母子女为中心的“核心家庭”。家长制已不存在。现代家庭男女平等、夫妻平等，“家长”一词通常是指小孩子的父母。每户有“户主”，通常只用于户口登记。过去的四世同堂、五世同堂的大家庭现在已很少有。“家”与“家庭”概念的异同在现代汉语已与过去不同。“家”通常与居所户籍相连，一人亦可成家。“家庭”则是指家庭成员的团

① 中表婚：姑表兄弟姊妹、姨表兄弟姊妹间缔结的婚姻。

体。通常来说，婚姻是家庭成立的基础前提，因此，“家庭”也称“婚姻家庭”。因婚姻产生“婚姻关系”，因家庭产生“家庭关系”，合称“婚姻家庭关系”。“婚姻家庭关系”是民事关系，受民法调整。本条表述为：“本编调整因婚姻家庭产生的民事关系。”家庭成员之间是亲属，所以“婚姻家庭关系”也可称为“亲属关系”，为夫妻关系、父母子女关系和其他亲属关系。

第一千零四十一条　婚姻家庭受国家保护。

实行婚姻自由、一夫一妻、男女平等的婚姻制度。

保护妇女、未成年人、老年人、残疾人的合法权益。

❖ 条文主旨 ❖

本条是关于婚姻家庭关系基本原则的规定。

❖ 条文解读 ❖

本条规定了婚姻家庭关系的几个基本原则，包括婚姻家庭受国家保护的原则、婚姻自由原则、一夫一妻制原则、男女平等原则和保护妇女、未成年人、老年人、残疾人合法权益的原则。

一、婚姻家庭受国家保护的原则

婚姻家庭受国家保护，首先是一项宪法原则。我国宪法第49条第1款规定：“婚姻、家庭、母亲和儿童受国家的保护。”民法要落实这一宪法原则。民法通则第104条第1款规定：“婚姻、家庭、老人、母亲和儿童受法律保护。”民法总则第112条规定：“自然人因婚姻、家庭关系等产生的人身权利受法律保护。”这些规定都是宪法原则的具体化表述。我国的婚姻法是婚姻家庭的专门立法，更是宪法原则的具体化。婚姻法第 2 条第 2 款规定："保护妇女、儿童和老人的合法权益。"不少意见认为，婚姻法应当更为明确地规定体现宪法保护婚姻家庭的原则。这次民法典的制定过程中，有些代表提出，民法典草案物权编、合同编、人格权编、继承编都在"一般规定"一章中规定了物权、合同、人格权、继承权受国家或者法律保护的内容，建议在婚姻家庭编的"一般规定"一章也增加类似规定，既有利于体现国家对婚姻家庭的重视和保护，也有利于各编体例的统一。经研究采纳这一意见，依据宪法的规定，在本条中增加一款作为第 1 款规定："婚姻家庭受国家保护。"

二、婚姻自由原则

婚姻自由又称婚姻自主，是指婚姻当事人享有自主地决定自己的婚姻的权利。婚姻当事人按照法律规定，有权基于本人的意志，自主自愿地决定自己的婚姻问题，不受他人的干涉和强制。

婚姻自由包括结婚自由和离婚自由。结婚自由，就是结婚须男女双方本人完全自愿，禁止任何一方对他方加以强迫，禁止任何组织或者个人加以干涉。保障婚姻自由，是为使男女双方能够依照婚姻家庭编的规定，基于自己的意愿结成共同生活的伴侣，建立幸福美满的家庭。所谓离婚自由，是指婚姻当事人有权自主地处理离婚问题。双方自愿离婚的，可以协商离婚。一方要求离婚的，可以诉至法院解决。保障离婚自由，是为使无法维持的婚姻关系得以解除，当事人免受婚姻名存实亡的痛苦。结婚自由和离婚自由是统一的，二者相互结合缺一不可。

婚姻自由既与包办、买卖婚姻相对立，又与轻率地对待婚事毫无共同之处。实行婚姻自由，并不是一个人在自己的婚姻问题上可以随心所欲，放任自流，想结就结，想离就离，而是必须依照法律的规定处理婚姻大事。每一个自然人都应当在法律规定的范畴内正确行使婚姻自由的权利。

三、一夫一妻制原则

一夫一妻制是一男一女结为夫妻的婚姻制度。也就是说，一个男人只能娶一个妻子，一个女人只能嫁一个丈夫，不能同时与两个及以上的人缔结婚姻。一夫一妻制是社会主义婚姻制度的基本原则，是在婚姻关系上实现男女平等的必要条件，也是男女真心相爱、建立美满婚姻的要求。

婚姻为男女的结合。在婚姻家庭编征求意见的过程中，有意见提出在婚姻家庭编中规定同性婚姻。我国实行的一夫一妻制是一男一女结合为夫妻的婚姻制度，这是整个婚姻制度的基石，是千百年来传承下来的，是符合我国文化传统和现实国情的。同性婚姻难以被广大社会公众接受和认可。目前世界上绝大多数国家都不承认同性婚姻的合法性。因此，本编维持婚姻法一夫一妻制的规定。

四、男女平等原则

男女平等，是指妇女在政治、经济、文化、社会和家庭生活各个方面，有同男子平等的权利和义务。男女平等是婚姻家庭编的一项基本原则，根据这个原则，男女两性在婚姻关系和家庭生活的各个方面，均平等享有权利，平等承担义务。婚姻家庭编中男女平等原则在内容上很广泛，它包括：男女双方在结婚、离婚问题上的权利义务是平等的，夫妻双方在家庭中的地位是平等的，其他男女家庭成员之间的权利义务也是平等的。夫妻间、其他家庭成员间的平等关系，是我国男女两性法律地位平等在婚姻家庭领域中的体现，它是建立美满的婚姻关系和发展和睦的家庭生活的重要保障。

五、保护妇女、未成年人、老年人、残疾人合法权益的原则

保护妇女、未成年人、老年人、残疾人的合法权益，是婚姻家庭编的一项重要原则。

保护妇女的合法权益和实行男女平等是一致的。社会主义制度使妇女获得了同男子平等的权利，但重男轻女的旧习俗不可能在短时期内完全消除。因此，法律不仅要规定男女平等，还要根据生活的实际情况，对妇女的合法权益给予特殊的保护。本编中规定保护妇女的内容十分广泛。如本编特别规定“女方在怀孕期间、分娩后一年内或者终止妊娠后六个月内，男方不得提出离婚”。保护妇女的合法权益，对于促进妇女的彻底解放，发挥她们在现代化建设中的“半边天”作用，有着重要意义。

保护未成年人，就是保护国家的未来。为了孩子们的健康成长，本法规定：父母对未成年子女负有抚养、教育和保护的义务。离婚后，父母对于子女仍有抚养、教育和保护的义务。保障婚生子女、非婚生子女、养子女、继子女的权益，禁止溺婴、弃婴和其他残害婴儿的行为。禁止借收养名义买卖未成年人。总则编为未成年人设立监护制度。这些都是对未成年人的法律保护。抚育子女，是父母不可推诿的天职。父母要关心子女的身心健康，履行抚养职责，使子女在德智体美劳方面全面发展。民法典还规定了对未成年人的特别保护。本编规定，收养应当遵循最有利于被收养人的原则。还规定，对离婚后子女的抚养，父母双方协议不成的，由人民法院按照最有利于未成年子女的原则判决。这些规定体现了未成年人利益最大化原则。

保护老年人的合法权益，是社会主义家庭的重要任务。赡养老年人，是我国人民的美德。父母为了子女的健康成长，长期付出了辛勤的劳动，尽了自己的职责。当他们年老多病，丧失劳动能力或生活困难的时候，子女就要承担起赡养的义务。社会主义社会的赡养与封建社会的孝道，有着本质的不同。在社会主义制度下，对老年人的生活照顾，首先是由国家、集体承担的，但国家、集体的物质帮助，不能取代家庭成员对老年人的赡养责任。作为子女要自觉履行赡养义务，尊老养老，使老年人安度晚年。

这次编纂民法典，特别增加规定了保护残疾人的原则。保护残疾人历来是我国宪法、法律的一个基本原则。宪法第 45 条第 1 款、第 3 款规定："中华人民共和国公民在年老、疾病或者丧失劳动能力的情况下，有从国家和社会获得物质帮助的权利。国家发展为公民享受这些权利所需要的社会保险、社会救济和医疗卫生事业。""国家和社会帮助安排盲、聋、哑和其他有残疾的公民的劳动、生活和教育。"残疾人保障法第 3 条第 1 款规定："残疾人在政治、经济、文化、社会和家庭生活等方面享有同其他公民平等的权利。"第 9 条规定："残疾人的扶养人必须对残疾人履行扶养义务。残疾人的监护人必须履行监护职责，尊重被监护人的意愿，维护被监护人的合法权益。残疾人的亲属、监护人应当鼓励和帮助残疾人增强自立能力。禁止对残疾人实施家庭暴力，禁止虐待、遗弃残疾人。"我国有多部法律在相关条款中规定了保护残疾人权益的内容。保护残疾人也是民事法律的一个基本原则。民法通则第 104 条第 2 款规定："残疾人的合法权益受法律保护。"民法典总则编规定了适用于对残疾人保护的监护制度，第 128 条还特别规定："法律对未成年人、老年人、残疾人、妇女、消费者等的民事权利保护有特别规定的，依照其规定。"民法典婚姻家庭编作为家庭生活的基本规范，也应当突出对残疾人权益的特别保护。保护残疾人权益符合婚姻家庭规范的特点和立法目的，体现了婚姻家庭的功能。保护残疾人婚姻家庭权益，能够促进家庭和谐安定，也体现了公平和正义。家庭是人的主要生活场所，是人生的避风港，更是残疾人的主要生活场所和避风港。

家庭对残疾人的关爱、关照和保护是一切社会福利政策不能取代的。因此，本条增加规定特殊保护残疾人的合法权益。

第一千零四十二条　禁止包办、买卖婚姻和其他干涉婚姻自由的行为。禁止借婚姻索取财物。

禁止重婚。禁止有配偶者与他人同居。

禁止家庭暴力。禁止家庭成员间的虐待和遗弃。

◆ 条文主旨 ◆

本条是关于婚姻家庭中禁止行为的规定。

◆ 条文解读 ◆

本条规定明确禁止婚姻家庭中的下列行为：

一、禁止包办、买卖婚姻和其他干涉婚姻自由的行为，禁止借婚姻索取财物

坚持婚姻自由原则，就要反对包办婚姻和买卖婚姻等，禁止借婚姻索取财物。

包办婚姻，是指第三人违反婚姻自主的原则，包办强迫他人婚姻的违法行为。买卖婚姻，是指第三人以索取大量财物为目的，强迫他人婚姻的违法行为。买卖婚姻往往表现为第三人向男方要嫁女的身价以及贩卖妇女与人为妻。借婚姻索取财物，是指除买卖婚姻以外的其他以索取对方财物为结婚条件的违法行为。

包办婚姻和买卖婚姻都是违反婚姻自由的原则、强迫他人婚姻的行为。它们的区别在于是否以索取钱财为目的。包办婚姻、买卖婚姻是和社会主义婚姻制度根本不相容的，必须坚决禁止。其他干涉婚姻自由的行为也在法律禁止之列。对于以暴力干涉他人婚姻自由的人和拐卖妇女的人贩子，要严加惩办。

买卖婚姻和借婚姻索取财物都是以索取一定数量的财物为结婚的条件，二者的区别是：买卖婚姻是把妇女的人身当成商品，索取嫁女的身价或者贩卖妇女，包办强迫他人的婚姻；借婚姻索取财物，则不存在包办强迫他人婚姻的问题。借婚姻索取财物有多种表现，譬如，双方婚事基本上是自愿的，但女方认为不要彩礼就降低了“身价”，于是就向男方要许多东西。又如，有的女方父母向男方索取一定财物，作为同意女儿出嫁的条件。借婚姻索取财物的行为往往给当事人的婚姻和婚后生活带来困难，也腐蚀了人们的思想，败坏了社会风气，故亦为婚姻法所禁止。至于父母、亲友或者男女双方出于自愿的帮助、赠与，则不能认为是买卖婚姻和借婚姻索取财物的行为，因为这种赠与不是婚姻成立的条件。

二、禁止重婚

实行一夫一妻制就必须反对重婚。刑法第 258 条规定：“有配偶而重婚的，或者明知他人有配偶而与之结婚的，处二年以下有期徒刑或者拘役。”所谓重婚，是指有配偶的人又与他人结婚的违法行为，或者明知他人有配偶而与他人登记结婚的违法行为。有配偶的人，未办理离婚手续又与他人登记结婚，即是重婚；虽未登记结婚，但事实上与他人以夫妻名义而公开同居生活的，亦构成重婚。明知他人有配偶而与之登记结婚，或者虽未登记结婚，但事实上与他人以夫妻名义同居生活，也构成重婚。不以夫妻名义共同生活的姘居关系，不能认为是重婚。法律明令禁止重婚，对于重婚的，不仅要解除其重婚关系，还应追究犯罪者的刑事责任。

三、禁止有配偶者与他人同居

除重婚外，其他有配偶者与他人同居的行为也在禁止之列。其他有配偶者与他人同居的行为是指有配偶者与第三人未以夫妻名义共同生活，如姘居关系。在有些地方“包二奶”、养情人现象呈增多趋势，已严重破坏一夫一妻的婚姻制度，严重违背社会主义道德风尚，败坏社会风气，导致家庭破裂，甚至发生情杀、仇杀、自杀事件，严重影响社会安定。2001年修改婚姻法时，增加规定禁止有配偶者与他人同居，同时增加规定有配偶者与他人同居导致离婚的，无过错方有权请求损害赔偿。对于其他违反一夫一妻制的行为，由于情况比较复杂，还应当通过党纪、政纪、道德、教育等多种手段、多种渠道予以解决。这样规定，有利于加大对上述现象的遏制力度，更好地保护受害人的合法权益，切实维护一夫一妻的婚姻制度。

四、禁止家庭暴力、禁止家庭成员间的虐待和遗弃

建立和维护平等、和睦、文明的婚姻家庭关系，就必须禁止家庭成员间的虐待和遗弃，禁止一切形式的家庭暴力。

家庭成员间的虐待，是指用打骂、冻饿、有病不给治疗等方法摧残、折磨家庭成员，使他们在肉体上、精神上遭受痛苦的行为。虐待家庭成员，破坏了家庭的和睦生活，违背了社会主义道德准则，亦为法律所不容。虐待家庭成员，情节恶劣的，即构成虐待罪，要受刑法所制裁。

除禁止家庭成员的虐待外，也要禁止其他形式的家庭暴力。将家庭暴力含于虐待中禁止，还是禁止一切形式的家庭暴力，曾是立法过程中有争议的问题。考虑到虐待和家庭暴力虽有重合之处，但虐待不能包括所有的家庭暴力行为，如夫妻之间吵架，丈夫一怒之下失手打死妻子，像这种行为，属于家庭暴力，但不属于虐待，在刑法上适用过失杀人罪，不适用虐待罪。因此，单独规定禁止家庭暴力。

家庭成员间的遗弃，是指对于年老、年幼、患病或其他没有独立生活能力的人，负有赡养、抚养或扶养义务的人不履行其义务的行为。家庭成员间的遗弃，主要包括子女不履行赡养义务而遗弃老人，父母不履行抚养义务而遗弃子女，丈夫不履行扶养义务而遗弃妻子或者妻子不履行扶养义务而遗弃丈夫等行为。遗弃家庭成员是极端个人主义思想的反映，是违反社会公德的可耻行为。遗弃家庭成员情节恶劣构成遗弃罪的，要依法承担刑事责任。

第一千零四十三条　家庭应当树立优良家风，弘扬家庭美德，重视家庭文明建设。

夫妻应当互相忠实，互相尊重，互相关爱；家庭成员应当敬老爱幼，互相帮助，维护平等、和睦、文明的婚姻家庭关系。

❖ 条文主旨 ❖

本条是关于婚姻家庭道德规范的规定。

❖ 条文解读 ❖

本法总则编第 1 条规定了“弘扬社会主义核心价值观”。这是社会主义核心价值观与现代民法精神相辅相成、相得益彰的重要体现，也是新时代推进“德法共治”建设的具体举措。在民法领域一要贯彻法治，二要贯彻德治。在婚姻家庭领域，调整婚姻家庭关系，要特别强调弘扬社会主义核心价值观，特别强调法治和德治的结合，两者相辅相成、相互促进、缺一不可。

婚姻家庭关系十分复杂，涉及保障自然人人身权、财产权，维护社会主义秩序等问题应当依靠法治的权威性和强制性手段来规范人们的行为；涉及思想品行、生活习俗等问题应当依靠德治的感召力和劝导力提高人们的思想认识和道德觉悟来解决。树立正确的世界观、人生观、价值观，实行继承优良传统与弘扬时代精神相结合，遵行社会主义核心价值观。尊重个人合法权益与承担社会责任相统一，努力形成健康和谐、积极向上的思想道德规范。大力倡导树立优良家风，弘扬家庭美德，加强家庭文明建设，如倡导尊老爱幼、男女平等、夫妻和睦、勤俭持家、邻里团结等优良家风和家庭美德，建立文明家庭。这些对于建立和维护平等、和睦、文明的婚姻家庭关系是至关重要的，也是法治所不能包办代替的。因此，婚姻家庭编必须弘扬社会主义核心价值观，坚持法治和德治相结合。

编纂民法典婚姻家庭编，就要把弘扬社会主义核心价值观融入其中。民法典婚姻家庭编作为调整因婚姻家庭产生的民事关系的专编，必须大力弘扬社会主义核心价值观，大力弘扬夫妻互敬、孝老爱亲、家庭和睦的中华民族传统家庭美德，建立和维护平等、和睦、文明的婚姻家庭关系。在立法过程中，也有很多意见认为，为更好地贯彻落实习近平总书记关于加强家庭文明建设的讲话精神，更好地体现社会主义核心价值观，应当增加有关树立良好家风、弘扬家庭美德和建设文明家庭的规定。所以本条第 1 款规定：“家庭应当树立优良家风，弘扬家庭美德，重视家庭文明建设。”

家风作为一个家庭的风气、风格与风尚，为家庭成员树立了无形的却又无处不在的价值准则。优良的家风支撑着家庭的和谐与平安，塑造着家庭成员的高尚品格和良好行为。传承和弘扬中华民族传统家庭美德，为家庭文明建设注入新的时代精神。家风同样是社会风气的重要组成部分，家风正则民风淳，好家风促进社会好风气。近年来，不少被查处领导干部的违纪违法问题都是因为不重视家风建设，对配偶子女失管失教。所以，家风建设意义重大。作为调整婚姻家庭关系的民法典婚姻家庭编，就要旗帜鲜明地倡导优良家风建设、文明家庭建设，使婚姻家庭道德规范法律化。

婚姻法第 4 条规定："夫妻应当互相忠实，互相尊重；家庭成员应当敬老爱幼，互相帮助，维护平等、和睦、文明的婚姻家庭关系。"有的意见认为，夫妻之间除应互相忠实、互相尊重外，还应当互相关爱。经研究，采纳了这一意见，在表述中增加"互相关爱"，作为本条第 2 款，修改为："夫妻应当互相忠实，互相尊重，互相关爱；家庭成员应当敬老爱幼，互相帮助，维护平等、和睦、文明的婚姻家庭关系。"树立优良家风，弘扬家庭美德，重视家庭文明建设，不是一句空话，夫妻之间，家庭成员之间都必须遵守我国的基本道德规范，坚持社会主义核心价值观。这一规定对于树立优良家风，弘扬家庭美德，建立和维护平等、和睦、文明的婚姻家庭关系具有强有力的推动作用。婚姻以夫妻共同生活为目的，夫妻双方应当互相忠实，互相尊重，互相关爱。家庭成员之间应当敬老爱幼，互相帮助。家庭是社会的细胞，家庭和睦是社会安定的重要基础。要提倡文明婚俗，勤俭持家，互爱互助，邻里团结，共同建立和维护平等、和睦、文明的婚姻家庭关系。

第一千零四十四条　收养应当遵循最有利于被收养人的原则，保障被收养人和收养人的合法权益。

禁止借收养名义买卖未成年人。

❖ 条文主旨 ❖

本条是关于收养原则的规定。

❖ 条文解读 ❖

我国收养法强调被收养的未成年人的权利，收养法规定"收养应当有利于被收养的未成年人的抚养、成长"，本条规定“收养应当遵循最有利于被收养人的原则”。这一原则是贯穿于整个收养规定之中的。如本法第1093条规定丧失父母的孤儿、查找不到生父母的未成年人（包括弃婴）和生父母有特殊困难无力抚养的子女这三种未成年人可以被收养，这些儿童若不被收养，可能影响他们的健康成长。又如本法第1100条规定，收养孤儿、残疾未成年人或者儿童福利机构抚养的查找不到生父母的未成年人，不受收养人“无子女或者只有一名子女”条件的限制。本法第1107条规定：“孤儿或者生父母无力抚养的子女，可以由生父母的亲属、朋友抚养；抚养人与被抚养人的关系不适用本章规定。”这是以法律形式对我国扶助幼孤的优良传统予以肯定，以适应社会上多种情形的需要。孩子的父母双亡，或者父母有特殊困难无力抚养子女，父母的亲属、朋友就可以抚养这些孩子，使他们得到家的温暖。这种抚养关系不产生收养关系的权利义务。抚养人与被抚养人的关系称谓不变，不产生父母子女间的权利义务关系。

婚姻家庭编的收养规定在突出保护被收养的未成年人的同时，也兼顾保护收养人的利益。所以本条规定“保障被收养人和收养人的合法权益”。收养关系的当事人主要包括收养人、被收养人。除保护被收养人外，收养人的权利也要维护。国家设立收养制度，可以使某些无父无母的孤儿，以及出于某种原因不能随父母生活的儿童，得到家的温暖，在养父母的抚育下健康成长。同时，也满足某些无子女的人希望得到子女的合理愿望，他们通过收养子女，得到生活上的安慰，并在年老时有所依靠。被收养人和收养人的权利义务是统一的，收养人抚育被收养人，使之幼有所育；收养人年迈时，被收养人就应当尽赡养义务，使之老有所养。收养法维护被收养人和收养人双方的利益，但重在保护被收养人的权利。最有利于被收养的未成年人的原则与有利于收养人的原则在收养关系中并不是并行的，前者为主，后者为辅。

被收养的儿童不是商品，不容买卖。借收养名义买卖儿童，实质是买卖而不是收养，必须旗帜鲜明地反对并予以禁止。所以本条第 2 款规定："禁止借收养名义买卖未成年人。"收养法第 31 条第 3 款中还规定："出卖亲生子女的，由公安部门没收非法所得，并处以罚款；构成犯罪的，依法追究刑事责任。"买卖儿童的行为是严重的犯罪行为，不是民事行为，我国已有相关刑事法律的规定，可依这些法律予以制裁。民事法律不宜重复规定刑事规范，收养法第 31 条的上述内容本编没有规定。

第一千零四十五条　亲属包括配偶、血亲和姻亲。

配偶、父母、子女、兄弟姐妹、祖父母、外祖父母、孙子女、外孙子女为近亲属。

配偶、父母、子女和其他共同生活的近亲属为家庭成员。

❖ 条文主旨 ❖

本条是关于亲属、近亲属及家庭成员的规定。

❖ 条文解读 ❖

一、亲属及其种类

亲属为有血缘关系或者婚姻关系的人。血缘关系中包括法律拟制的血缘关系，如收养形成的父母子女关系。在有些国家，如德国、瑞士、意大利，"亲属"一词不包括配偶，仅指血亲和姻亲，配偶是单独一种。如德国民法在"婚姻"一章规定配偶，在"亲属"一章规定其他亲属。在学术上，亲属有广义和狭义之分。我国与日本、韩国等国家和地区一致，都采取广义的亲属概念，包括配偶、血亲和姻亲①。但在对配偶的分类上，学术上有分歧，其中一种意见认为，配偶不能成为亲属的单独一类，配偶应属于姻亲。研究认为，现代亲属法以男女平等为原则，男女结婚后人格独立，平等享有权利、承担义务。配偶在亲属关系中处于核心地位，位居首位。因此，配偶应作为单独一类而且作为首位与血亲、姻亲并列。本条第1款明确规定："亲属包括配偶、血亲和姻亲。"

1. 配偶。男女因结婚互称配偶。配偶，亦即夫妻，是男女因结婚而形成的亲属关系。配偶在亲属关系中具有重要的特殊地位。与血亲、姻亲相比，配偶之间无亲系、亲等②之说。没有男女结婚及夫妻生育的事实，便不能形成血亲关系。没有婚姻的中介，也不能形成姻亲关系。配偶是产生血亲和姻亲的基础，是亲属的独立类型。结婚是发生配偶关系的法律事实。结婚必须是一男一女结婚，同性之间不能结婚。

2. 血亲。血亲是指因自然的血缘关系而产生的亲属关系，也包括因法律拟制而产生的血亲关系。有自然血缘联系的亲属，称为自然血亲；因法律拟制的抚养关系而形成的亲属，称为拟制血亲。

亲生父母子女、祖孙、曾祖孙等之间，为直系血亲。养父母子女、有抚养关系的继父母子女之间，为拟制直系血亲。

同胞、半同胞兄弟姐妹，堂、表兄弟姐妹，伯、叔、姑、舅、姨与侄、甥之间为旁系血亲。拟制直系血亲关系的一方与对方的旁系血亲之间，为拟制旁系血亲。

自然血亲关系因出生而发生，因死亡而终止。拟制血亲关系因收养或者继父母与继子女形成抚养关系而发生，因一方死

---

① 姻亲：以婚姻关系为中介而产生的亲属。

② 亲等：中外法律上计算亲属关系亲疏远近的单位。亲等越多，关系越远。亲等的计算方法分为两种：一是代（世）数亲等制，二是等级亲等制。

亡或者养父母子女关系、继父母子女关系依法解除而终止。“直系”“旁系”的“系”指亲系，亲系指亲属间的联系脉络。除配偶外，在血亲和姻亲之间都有一定的亲系可循。姻亲的亲系准用配偶一方与其血亲的亲系。亲属法根据亲属血缘联系的直接与否，将血亲的亲第分为直系血亲和旁系血亲。直系血亲，是指彼此之间有着直接血缘联系的血亲，己身所出和己身所从出的亲属，即生育自己和自己所生育的上下各代亲属，如父母子女、祖父母与孙子女、外祖父母与外孙子女。旁系血亲，是指与自己有着共同血缘，但彼此之间没有直接生育关系的血亲，如同胞兄弟姐妹之间、堂表兄弟姐妹之间、伯叔姑与侄之间、舅姨与甥之间。血亲是根据自然生殖，以出生的事实引起的存在遗传上的血缘关系的亲属。但法律意义上的血亲，还包括拟制血亲。拟制血亲指养父母子女关系、有抚养关系的继父母子女关系，以及非亲生子女与父母其他血亲的关系。拟制血亲是社会的需要，其与自然血亲的社会关系属性几无差别，所以需要法律的认可与规范。

3. 姻亲。姻亲是因婚姻为中介形成的亲属，但不包括己身的配偶。一类是配偶的血亲，如岳父母、公婆。另一类是血亲的配偶，如儿媳、女婿、嫂、弟媳、姐夫、妹夫。姻亲也有亲等计算问题。己身与配偶的血亲的亲等，依己身从配偶与其血亲的亲等；己身与血亲的配偶的亲等，依己身与血亲的亲等。换句话说，配偶的血亲的亲等与配偶同，血亲的配偶的亲等与血亲同。如父母与子女是一亲等的直系血亲，儿媳、女婿是一亲等的直系姻亲。兄弟姐妹是二亲等的旁系血亲，嫂、弟媳、姐夫、妹夫是二亲等的旁系姻亲。

姻亲关系因婚姻而产生，亦因婚姻关系的解除而终止。离婚和婚姻被撤销，是姻亲关系终止原因。在这个问题上有两种主义：一是消灭主义；二是不消灭主义。我国存在丧偶儿媳、女婿继续赡养公婆、岳父母，为其养老送终的情况，也存在儿媳"离婚不离家"，离婚后继续照顾公婆并为其养老送终的情况。我国继承法第 12 条和本法第 1129 条都规定了丧偶儿媳对公婆、丧偶女婿对岳父母尽了赡养义务，作为继承人继承财产的规定。可以肯定，在我国，婚姻当事人一方死亡，则姻亲关系不终止。离婚或婚姻被撤销，姻亲关系终止。对于儿媳"离婚不离家"的情况，应从保护妇女利益出发，从权利义务相一致和公平的角度，特殊情况特殊处理。

二、近亲属

我国许多法律都使用"近亲属"的概念。如在刑事类法律中规定，刑事自诉案件的自诉人可以委托其近亲属为代理人参加诉讼，在致人死亡的人身侵权损害赔偿案件中，其近亲属有权要求赔偿。在诉讼回避[①]制度中，近亲属关系可以成为诉讼中回避的理由等。法院的司法解释也经常使用近亲属的概念。但不同的法律或者司法解释对其范围界定宽窄不同。所以，有必要界定其范围。本条规定，配偶、父母、子女、兄弟姐妹、祖父母、外祖父母、孙子女、外孙子女为近亲属。

近亲属的范围在立法过程中是有争议的。配偶作为近亲属没有争议。直系血亲划到哪个范围，就有争议。有的建议不划范围，凡直系血亲即属近亲属，有的认为应当划定在四亲等，即在高祖父母与玄孙的范围。旁系血亲划到哪个范围，也有争议。有的建议划定在二亲等，即兄弟姐妹；有的建议划到四亲等，即堂表兄弟姐妹。本条确定的范围，彼此间是有权利义务关系的。这个范围内的亲属属于近亲属，大家都是认同的。其他国家和地区规定近亲属的不多，但从有的规定看，基本上也是本条规定的这个范围。

---

① 诉讼回避：指审判人员和其他有关人员，出现可能影响案件公正审理的情形，依法退出诉讼的一种制度。

三、家庭成员

“家庭成员”在日常生活中使用广泛，我国的法律法规经常出现这一概念，但对家庭成员的范围却没有统一认识。因此，许多意见建议在婚姻家庭编确定家庭成员范围。但是，家庭成员的范围究竟包括哪些亲属，有不同的意见。有的建议规定家庭成员为共同生活的近亲属。有的建议规定配偶、子女和其他共同生活的近亲属为家庭成员。有的认为，家庭成员除了配偶、父母、子女还应当包括兄弟姐妹、祖父母、外祖父母。有的认为还应当包括伯、叔、姑、舅、姨与侄、甥。其他国家和地区的立法例较少，有的规定的范围较窄，有的规定的范围较宽。

经过认真研究，本条规定，配偶、父母、子女和其他共同生活的近亲属为家庭成员。家庭成员应是近亲属。有的近亲属如配偶、父母、子女，当然是家庭成员，即使已经不在一起共同生活，仍是家庭成员。比如，自己成家后不再与父母一起生活，但与父母的权利义务关系不断，赡养父母的义务不断，所以仍应是家庭成员。自己与子女也是这个道理，所以自己的子女也应是家庭成员。其他近亲属，如兄弟姐妹、祖父母、外祖父母、孙子女、外孙子女，如在一个家庭中共同生活，应当属于家庭成员；如不在一起共同生活，就不属于家庭成员。这个“共同生活”，应是长久同居在一起的共同生活，而不是短期的、临时性的共同生活。

第二章　结　　婚

本章共九条，对结婚自愿、法定结婚年龄、禁止结婚的情形、结婚程序、男女结婚后组成家庭、无效婚姻、因胁迫的可撤销婚姻、因隐瞒重大疾病的可撤销婚姻、无效或者被撤销婚姻法律后果等作了规定。

第一千零四十六条　结婚应当男女双方完全自愿，禁止任何一方对另一方加以强迫，禁止任何组织或者个人加以干涉。

❖ 条文主旨 ❖

本条是关于结婚自愿的规定。

❖ 条文解读 ❖

婚姻是男女双方以永久共同生活为目的，以夫妻的权利义务为内容的结合。婚姻关系是一种身份关系，夫妻双方在财产上的权利义务是附随于人身上的权利义务的。创设夫妻关系的婚姻行为是身份法上的行为。男女须有结婚的合意，但婚姻的成立条件与程序，婚姻的效力及解除都是法定的，而不是当事人意定的。因此，将婚姻视为合同是不相宜的。婚姻行为是民事法律行为，与其他民事法律行为具有共同点，但各种民事法律行为又有各自不同的本质属性，婚姻行为与合同行为中虽都要求有合意，但婚姻行为却不能也无法适用合同行为规则。

根据本条规定，结婚应当男女双方完全自愿，这是婚姻自由原则在结婚上的具体体现。该规定的核心是，男女双方是否结婚、与谁结婚，应当由当事者本人决定。它包括两层含义：第一，应当是双方自愿，而不是一厢情愿。婚姻应以互爱为前提，任何一方都不得强迫对方成婚。第二，应当是当事人自愿，而不是父母等第三人采用包办、买卖等方式强迫男女双方结为夫妻。任何组织和个人都不得强迫当事人结婚或者不结婚。结婚是男女之间以建立家庭、互为配偶为目的的两性结合，这种结合从本质上讲，是以爱情为基础的，而爱情只能产生于当事人自身，其他人决定男女情感的命运是违背婚姻本质的。当然，法律要求本人自愿，并不排斥男女双方就个人的婚事征求父母、亲友的意见，也不排斥父母、亲友等第三人出于对当事人的关心和爱护对他们的婚姻提出看法和建议。

第一千零四十七条　结婚年龄，男不得早于二十二周岁，女不得早于二十周岁。

❖ 条文主旨 ❖

本条是关于法定结婚年龄的规定。

❖ 条文解读 ❖

婚姻的自然属性和社会属性要求，结婚只有达到一定的年龄，才能具备适合的生理条件和心理条件，也才能履行夫妻义务，承担家庭和社会的责任。所以，尽管我国法律赋予每个公民结婚的权利能力，但并非所有公民都可以成为婚姻法律关系的主体，只有达到法律规定的结婚年龄的人，才享有结婚的权利。

法定婚龄的确定，一方面要考虑自然因素，即人的身体发育和智力成熟情况，另一方面要考虑社会因素，即政治、经济、文化及人口发展等情况。因此，各国关于法定婚龄的规定有所不同。根据学者对 193 个国家和地区的法定结婚年龄的统计分析，明确规定男性结婚年龄的国家和地区有 187 个。男性法定结婚年龄最高的为 22 岁，多数国家和地区处于 18 岁至 22 岁之间。其中，采用 18 岁标准的有 130 个，占 69.5%。明确规定女性结婚年龄的国家和地区有 185 个。女性法定结婚年龄最高的为 21 岁，多数国家和地区处于 18 岁至 21 岁之间。其中，采用 18 岁标准的有 121 个，占 65.4%。

我国 1950 年婚姻法规定的法定婚龄为男 20 岁，女 18 岁。

这与当时的政治、经济、文化发展水平以及人民群众的接受能力是相适应的。1980 年修改婚姻法时，一方面考虑适当提高法定婚龄有利于广大青年的身心健康、工作和学习，以及计划生育工作；另一方面也注意到法定婚龄过高，不符合自然规律的要求，也脱离群众、脱离农村实际。因此，规定“男不得早于二十二周岁，女不得早于二十周岁”。2001 年修改婚姻法时，有的意见建议将男女的结婚年龄统一为一个标准，或均为 22 周岁，或均为 20 周岁。也有意见建议降低法定婚龄。考虑到 1980 年确定的婚龄执行情况基本是可行的，因此没有作出修改。在这次编纂婚姻家庭编征求意见的过程中，多数意见同意维持婚姻法规定的法定婚龄，也有少数意见认为应统一结婚年龄、适当降低法定婚龄。立法部门就此问题专门征求了有关部门意见，同时还委托国家统计局对公民结婚意向年龄开展了调查。从调查情况看，我国老百姓的实际平均结婚年龄和意向结婚年龄都高于法定婚龄。在上述工作的基础上，进行了认真研究，综合考虑各方面因素，仍维持婚姻法规定的法定婚龄不变。

本法关于婚龄的规定，不是必婚年龄，也不是最佳婚龄，而是结婚的最低年龄，是划分违法婚姻与合法婚姻的年龄界限，只有达到了法定婚龄才能结婚，否则就是违法。法定婚龄不妨碍男女在自愿基础上，根据本人情况确定结婚时间。本法规定的婚龄具有普遍适用性，但特殊情况下，法律也允许对婚龄作例外规定。比如，考虑到我国多民族的特点，婚姻法第 50 条规定：“民族自治地方的人民代表大会有权结合当地民族婚姻家庭的具体情况，制定变通规定……”这一条本编没有规定，因为立法法第 75 条统一规定了民族自治地方对法律和行政法规的变通规定问题，本法不需要再作规定。目前，我国一些民族自治地方的立法机关对婚姻法中的法定婚龄作了变通规定。

比如，新疆、内蒙古、西藏等自治区和一些自治州、自治县，均以男20周岁，女18周岁作为本地区的最低婚龄。但这些变通规定仅适用于少数民族，不适用于生活在该地区的汉族。

第一千零四十八条　直系血亲或者三代以内的旁系血亲禁止结婚。

❖ 条文主旨 ❖

本条是关于禁止结婚的情形的规定。

❖ 条文解读 ❖

血亲主要指出于同一祖先，有血缘关系的亲属，即自然血亲；也包括法律拟制的血亲，即虽无血缘联系，但法律确认其与自然血亲有同等的权利义务的亲属，比如，养父母与养子女，继父母与受其抚养教育的继子女。

禁止血亲结婚是优生的要求。人类两性关系的发展证明，血缘过近的亲属间通婚，容易把双方生理上的缺陷遗传给后代，影响家庭幸福，危害民族健康。而没有血缘亲属关系的氏族之间的婚姻，能创造出在体质上和智力上都更加强健的人种。因此，各国法律都禁止一定范围内的血亲结婚。新中国成立后，1950年婚姻法除禁止直系血亲、同胞的兄弟姊妹，同父异母或同母异父的兄弟姊妹结婚外，对其他五代内的旁系血亲间禁止结婚的问题，作了从习惯的规定。1980年婚姻法即修改为现在的规定：直系血亲和三代以内的旁系血亲禁止结婚。禁止结婚的血亲有两类：

1. 直系血亲。包括父母子女间，祖父母、外祖父母与孙子女、外孙子女间。即父亲不能娶女儿为妻，母亲不能嫁给儿子。爷爷（姥爷）不能与孙女（外孙女）婚配，奶奶（姥姥）不能与孙子（外孙子）结合。

2. 三代以内的旁系血亲。包括：（1）同源于父母的兄弟姊妹（含同父异母、同母异父的兄弟姊妹）。即同一父母的子女之间不能结婚。（2）不同辈的叔、伯、姑、舅、姨与侄（女）、甥（女）。即叔叔（伯伯）不能和兄（弟）的女儿结婚；姑姑不能和兄弟的儿子结婚；舅舅不能和姊妹的女儿结婚；姨妈不能和姊妹的儿子结婚。

第一千零四十九条　要求结婚的男女双方应当亲自到婚姻登记机关申请结婚登记。符合本法规定的，予以登记，发给结婚证。完成结婚登记，即确立婚姻关系。未办理结婚登记的，应当补办登记。

❖ 条文主旨 ❖

本条是关于结婚程序的规定。

❖ 条文解读 ❖

结婚除必须符合法律规定的条件外，还必须履行法定的程序。根据本条规定，结婚登记是结婚的必经程序。

结婚登记是国家对婚姻关系的建立进行监督和管理的制度。登记制度，可以保障婚姻自由、一夫一妻原则的贯彻实施，避免违法婚姻，预防婚姻家庭纠纷的发生，同时也是在婚姻问题上进行法制宣传的重要环节。认真执行关于结婚登记的各项规定，对于巩固和发展社会主义婚姻家庭制度具有重要意义。

一、婚姻登记机关

根据《婚姻登记条例》的规定，内地居民办理婚姻登记的机关是县级人民政府民政部门或者乡（镇）人民政府，省、自治区、直辖市人民政府可以按照便民原则确定农村居民办理婚姻登记的具体机关。中国公民同外国人，内地居民同香港特别行政区居民（以下简称香港居民）、澳门特别行政区居民（以下简称澳门居民）、台湾地区居民（以下简称台湾居民）、华侨办理婚姻登记的机关是省、自治区、直辖市人民政府民政部门或者省、自治区、直辖市人民政府民政部门确定的机关。中国公民同外国人在中国内地结婚的，内地居民同香港居民、澳门居民、台湾居民、华侨在中国内地结婚的，男女双方应当共同到内地居民常住户口所在地的婚姻登记机关办理结婚登记。

《婚姻登记条例》第 19 条规定："中华人民共和国驻外使（领）馆可以依照本条例的有关规定，为男女双方均居住于驻在国的中国公民办理婚姻登记。"

二、结婚登记程序

结婚登记大致可分为申请、审查和登记三个环节。

（一）申请

1. 中国公民在中国境内申请结婚。内地居民结婚，男女双方应当共同到一方当事人常住户口所在地的婚姻登记机关办理结婚登记。办理结婚登记的内地居民应当出具下列证件和证明材料：（1）本人的户口簿、身份证。（2）本人无配偶以及与对方当事人没有直系血亲和三代以内旁系血亲关系的签字声明。

离过婚的，还应当持离婚证。离婚的当事人恢复夫妻关系的，必须双方亲自到一方户口所在地的婚姻登记机关申请复婚登记。

2. 香港居民、澳门居民、台湾居民在中国境内申请结婚。办理结婚登记的香港居民、澳门居民、台湾居民应当出具下列证件和证明材料：（1）本人的有效通行证、身份证。（2）经居住地公证机构公证的本人无配偶以及与对方当事人没有直系血亲和三代以内旁系血亲关系的声明。

3. 华侨在中国境内申请结婚。办理结婚登记的华侨应当出具下列证件和证明材料：（1）本人的有效护照。（2）居住国公证机构或者有权机关出具的、经中华人民共和国驻该国使（领）馆认证的本人无配偶以及与对方当事人没有直系血亲和三代以内旁系血亲关系的证明，或者中华人民共和国驻该国使（领）馆出具的本人无配偶以及与对方当事人没有直系血亲和三代以内旁系血亲关系的证明。

4. 外国人在中国境内申请结婚。办理结婚登记的外国人应当出具下列证件和证明材料：（1）本人的有效护照或者其他有效的国际旅行证件。（2）所在国公证机构或者有权机关出具的、经中华人民共和国驻该国使（领）馆认证或者该国驻华使（领）馆认证的本人无配偶的证明，或者所在国驻华使（领）馆出具的本人无配偶的证明。

申请婚姻登记的当事人，应当如实向婚姻登记机关提供规定的有关证件和证明，不得隐瞒真实情况。

（二）审查

婚姻登记机关应当对结婚登记当事人出具的证件、证明材料进行审查并询问相关情况。对当事人符合结婚条件的，应当当场予以登记，发给结婚证；对当事人不符合结婚条件不予登记的，应当向当事人说明理由。

（三）登记

1. 予以登记。婚姻登记机关对符合结婚条件的，应当即时予以登记，发给结婚证；对离过婚的，应注销其离婚证。

2. 不予登记。申请人有下列情形之一的，婚姻登记机关不予登记：（1）未到法定结婚年龄的；（2）非自愿的；（3）已有配偶的；（4）属于直系血亲或者三代以内旁系血亲的。

婚姻登记机关对当事人的婚姻登记申请不予登记的，应当以书面的形式说明理由。当事人认为符合婚姻登记条件而婚姻登记机关不予登记的，可以依法申请行政复议，对复议不服的，可以依法提起行政诉讼，也可以直接提起行政诉讼。

三、事实婚姻问题

事实婚姻，是指没有配偶的男女，未进行结婚登记，便以夫妻关系同居生活，群众也认为是夫妻关系的两性结合。

事实婚在我国长期大量存在，在广大农村特别是边远地区，事实婚甚至占当地婚姻总数的百分之六七十。造成这一状况的原因主要有：（1）传统习俗的影响。我国民间流行仪式婚，许多人认为，只要举行了婚礼，亲朋好友认可，就是夫妻了，没有必要再履行法律手续。（2）婚姻登记不方便。根据《婚姻登记条例》的规定，婚姻登记管理机关在城市是街道办事处或者市辖区、不设区的市人民政府的民政部门，在农村是乡、民族乡、镇人民政府。而我国幅员辽阔，对于地理位置偏远、交通不便的地区，进行结婚登记有一定困难。（3）登记制度不健全。比如，有的当事人到了婚姻登记机关，因办事人员不在等原因不能登记。有的擅自提高法定婚龄，使当事人的合法权利不能得到实现。（4）婚姻登记搭车收费。比如，有的要收户口迁移保证金等。（5）法制宣传不够。人们的法制观念淡薄，对婚姻登记的重要性缺乏认识。有的人不具备法律规定的结婚条件，为逃避国家对婚姻的管理和监督，故意不登记，造成事实婚姻状态。

事实婚姻的效力，历来是法学界争论的重要问题。有的人认为，承认事实婚，必然破坏婚姻登记制度，因此，凡不登记结婚的，应一律明确规定为无效婚姻。最高人民法院颁布的《关于人民法院审理未办结婚登记而以夫妻名义同居生活案件的若干意见》（已失效）规定："1986 年3 月15 日《婚姻登记办法》施行之前，未办结婚登记手续即以夫妻名义同居生活，群众也认为是夫妻关系的，一方向人民法院起诉‘离婚’，如起诉时双方均符合结婚的法定条件，可认定为事实婚姻关系；如起诉时一方或双方不符合结婚的法定条件，应认定非法同居关系。”“自民政部新的婚姻登记管理条例施行之日起，未办结婚登记即以夫妻名义同居生活，按非法同居关系对待。”不登记“结婚”的人不少，未办理登记的原因很复杂，有的是不符合结婚条件，更多的是符合结婚条件，因收费过高或登记不便利造成的。对没有进行结婚登记的，应区别情况分别处理。对违反结婚实质条件的，本法已规定为无效婚姻；对符合结婚实质要件，只是没有办理登记手续的，一律简单宣布为无效婚姻，对保护妇女的权益不利，应当通过加强法制宣传和完善登记制度等工作，采取补办登记等办法解决。因此，本条规定，“符合本法规定的”“未办理结婚登记的，应当补办登记”。这一规定从积极角度重申了办理结婚登记的必要性，那些符合本法规定的结婚条件，举行了结婚仪式或已经以夫妻名义共同生活，但未办理结婚登记的男女，应尽早补办登记，以使自己的婚姻行为合法化。

第一千零五十条　登记结婚后，按照男女双方约定，女方可以成为男方家庭的成员，男方可以成为女方家庭的成员。

❖ 条文主旨 ❖

本条是关于男女结婚后组成家庭的规定。

❖ 条文解读 ❖

通常，结婚登记后，举办了婚礼，男女双方就开始了共同生活。根据双方的约定，男女可以到自己的住所，建立小家庭；或者一方到另一方家庭中去，成为其家庭成员。即女方可以到男方家去落户，男方也可以到女方家去落户。

在旧中国的婚姻制度下，一般是男娶女嫁，女到男家，男方虽然也有到女家的，但往往受到歧视，称男到女家为入赘，男方被社会看不起，上门赘婿往往还立有“小子无能，自愿入赘，改名换姓，一切听从”的字据，死后墓碑上常有“赵本王”“李本杨”等字样，本上之姓乃妻家姓。新中国男女平等，男到女家不应受到歧视，应改变旧风俗。因此，1980 年婚姻法规定：“登记结婚后，根据男女双方约定，女方可以成为男方家庭的成员，男方也可以成为女方家庭的成员。”这一规定体现了男女平等的原则，是对旧的婚姻习俗的改革，其立法精神是提倡男到女家落户的婚姻。这条的规定，对破除封建思想和旧习俗，十分有利。2001 年婚姻法修改时，根据有的常委委员的审议意见，删去了 1980 年婚姻法规定的“男方也可以成为女方家庭的成员”中的“也”字，进一步体现男女平等的婚姻家庭原则。这次编纂民法典，保持原规定不变。

第一千零五十一条　有下列情形之一的，婚姻无效：

（一）重婚；

（二）有禁止结婚的亲属关系；

（三）未到法定婚龄。

❖ 条文主旨 ❖

本条是关于无效婚姻的规定。

❖ 条文解读 ❖

无效婚姻，是指欠缺婚姻成立的法定条件而不发生法律效力的男女两性的结合。

一、为什么要确立无效婚姻制度

结婚应当符合一定的条件，如结婚必须男女双方完全自愿；结婚年龄，男不得早于22周岁，女不得早于20周岁；直系血亲和三代以内旁系血亲不得结婚等。

但现实生活中，由于当事人弄虚作假、欺骗婚姻登记机关或者婚姻登记机关不依法履行职责等原因，使某些不符合结婚条件的男女当事人也经婚姻登记机关办理了结婚登记手续成为夫妻。对这些不符合本法规定的婚姻，当然不能承认其具有法律上的婚姻效力。因此，从完备我国婚姻家庭法律制度的角度出发，婚姻家庭编对无效婚姻作出明确规定。

二、无效婚姻的情形

本条规定，有下列情形之一的，婚姻无效：一是重婚；二是有禁止结婚的亲属关系；三是未到法定婚龄。

1. 重婚。我国实行一夫一妻的婚姻制度。因此，一夫一妻制是我国婚姻家庭的基本制度。一夫一妻制是一男一女结为夫妻的婚姻制度。也就是说，一个男人只能娶一个妻子，一个女人只能嫁一个丈夫。一个人不能同时与两个或两个以上的人缔结婚姻。换句话说，任何人都只能有一个配偶，不能同时有两个或更多的配偶。一夫一妻制是社会主义婚姻家庭制度的基本原则，是在婚姻关系上实现男女平等的必要条件，也是男女真心相爱、建立美满婚姻的要求。实行一夫一妻制就必须反对重婚。

所谓重婚，是指有配偶的人又与他人登记结婚的违法行为，或者明知他人有配偶而与他人登记结婚的违法行为。由于重婚违反了我国一夫一妻的婚姻家庭制度，严重违背了社会主义道德风尚，影响家庭稳定和社会安定，导致腐败，败坏党风，因此，本条明确规定重婚（即指重婚者的第二个婚姻）是无效婚姻。

2. 有禁止结婚的亲属关系。禁止近亲结婚，是人类长期生活经验的结晶，是人类婚姻的总结。男女近亲结婚，很容易把双方精神上和肉体上的弱点和缺点集中起来，遗传给下一代，有损于下一代的健康，不仅不利于下一代在社会中生活，也给国家、民族的兴旺和社会的发展带来不利的后果。因此，禁止近亲结婚是古今中外法律的通例。

近亲结婚对社会具有一定的危害性。因此，将有禁止结婚的亲属关系的婚姻规定为无效婚姻。本条中规定的“有禁止结婚的亲属关系”，是指有本法第 1048 条规定的禁止结婚的情形，即结婚的男女双方是直系血亲或者是三代以内的旁系血亲。

3. 未到法定婚龄。本法第 1047 条规定：“结婚年龄，男不得早于二十二周岁，女不得早于二十周岁。”男 22 周岁，女 20 周岁，是男女可以结婚的法定年龄。法定结婚年龄是指法律规定的男女双方可以结婚的最低年龄，也就是说，男女双方不到这个年龄就不能结婚，只有达到或高于这个年龄才能结婚。男女当事人结婚，未达到法定结婚年龄，违反了法定结婚年龄的规定，因此，将其规定为无效婚姻。

第一千零五十二条　因胁迫结婚的，受胁迫的一方可以向人民法院请求撤销婚姻。

请求撤销婚姻的，应当自胁迫行为终止之日起一年内提出。

被非法限制人身自由的当事人请求撤销婚姻的，应当自恢复人身自由之日起一年内提出。

❖ 条文主旨 ❖

本条是关于因胁迫的可撤销婚姻的规定。

❖ 条文解读 ❖

可撤销婚姻，是指当事人因意思表示不真实而成立的婚姻，或者当事人成立的婚姻在结婚的要件上有欠缺，通过有撤销权的当事人行使撤销权，使已经发生法律效力的婚姻关系失去法律效力。

在 2001 年婚姻法修改时，对不符合婚姻法规定的结婚条件的婚姻，是都规定为无效婚姻，还是分别规定为无效婚姻、可撤销的婚姻，存在很大分歧。有一种意见认为，不宜将不符合结婚条件的婚姻分为无效婚姻和可撤销婚姻两种情形，应当统一规定为无效婚姻。主要理由是：（1）我国实行的是结婚登记制度，要求结婚的男女在符合婚姻法规定的结婚应当具备的实质条件的情况下，到婚姻登记机关履行结婚登记手续，婚姻登记管理机关对当事人要求结婚的申请进行审查，符合婚姻法规定的，予以登记，发给结婚证。取得结婚证，才确立了夫妻关系。即使因结婚的男女当事人弄虚作假、欺骗婚姻登记机关或者婚姻登记机关不依法履行职责等，使某些欠缺结婚实质要件的男女当事人经婚姻登记机关办理了结婚登记手续，成为夫妻，那么，否认或者撤销这种婚姻关系的法律效力，必须由国家行使。因此，对不符合法定结婚条件的婚姻只有规定为无效婚姻，国家才能有权干预。（2）可撤销婚姻与法理相悖。和谁恋爱结婚是当事人的私事，而结婚登记则是一种行政法律行为，行政行为没有民事行为中那种无效与可撤销的区分，不能套用民事法律行为的规则。

经研究认为，结婚虽须国家认可，但结婚的行为是民事行为，当然适用民事行为的规则。结婚中的违法行为很复杂，需要根据不同的情形作出不同的处理。违法行为虽然复杂，但大致可以分为两类：一类是必须认定其无效的；还有一类是撤销与否可交当事人处理的。将侵犯当事人利益行为的撤销权交与当事人，是许多国家地区的通行做法。无效婚姻与可撤销婚姻是有区别的。无效婚姻多是违反公序良俗的，对此种婚姻，国家应当主动干预。可撤销婚姻多是违反私人利益的，对此只有当事人和法律规定的有请求权的特定人才能请求撤销婚姻关系。因此，上述特点决定了这两类行为在处理方式上有许多不同点。比如，申请的当事人不同。可撤销婚姻必须由具有撤销权的当事人提出；无效婚姻除了当事人可以提出婚姻无效的申请外，国家有关部门或利害关系人也可以依职权或者依据法律的规定，提出某一婚姻关系为无效婚姻的申请。再如，申请的时间也不同。可撤销婚姻当事人提出撤销婚姻效力的申请必须在法律赋予其行使撤销权的期间内提出，超过该期间，撤销权消灭；提出婚姻无效的申请，往往以客观是否存在着法定无效婚姻的情形为准。本条规定的因胁迫而结婚的情形，有的当事人在婚后建立了感情，家庭和睦。是否撤销，宜由当事人决定，所以属于可撤销的婚姻。因此，2001 年婚姻法规定了无效婚姻，也规定了可撤销婚姻。民法典维持了这一做法。

因胁迫而结婚，主要是指婚姻关系中的一方当事人或者婚姻关系之外的第三人，对婚姻关系中的另一方当事人，予以威胁或者强迫，使婚姻中的另一方当事人违背自己的意愿而缔结婚姻关系的婚姻。胁迫婚姻违反了结婚须男女双方完全自愿的原则，是违法婚姻，考虑到被胁迫的一方，在结婚时，虽然是违背了自己的意愿与他人缔结了婚姻关系，但在和他人结婚后，组建了家庭，经过一段时间生活，有可能与对方建立了一定的感情，婚姻关系还不错，特别是在有了孩子的情况下，与对方、与孩子更有一种难以割舍的关系，在这种情况下，法律明确规定胁迫婚姻为无效婚姻，不一定适当，所以将因胁迫而缔结的婚姻，规定为可撤销婚姻，把是否否认其婚姻效力的申请请求权交给受胁迫方。如果受胁迫方不想维持因胁迫而缔结的婚姻，可以向人民法院请求撤销该婚姻，法院经审查核实，宣告该婚姻没有法律效力；如果当事人最初受胁迫，但后来愿意共同生活，则可以放弃申请撤销婚姻效力的请求权，人民法院不能主动撤销当事人的婚姻关系。

本条对提出请求撤销婚姻效力的申请规定如下：

1. 提出撤销婚姻效力的请求权人。有权提出撤销婚姻效力的申请人只能是因胁迫结婚的被胁迫人。这是由于因胁迫而缔结的婚姻，受胁迫方在缔结婚姻关系时，不能真实表达自己的意愿，婚姻关系违背受胁迫方的意志。为了贯彻执行婚姻自由的基本原则，保护当事人的合法权益，让受胁迫方能充分地表达自己的婚姻意志，本法规定尽管胁迫的婚姻已经成立，但是受胁迫方仍可以在胁迫的婚姻成立后向人民法院提出撤销其婚姻效力的申请。由于胁迫婚姻的另一方当事人在缔结婚姻关系时，并没有违背自己真实的婚姻意思，换句话说，当事人一方在结婚时已经明确知道自己将与被胁迫方结婚，且愿意与其结婚，因此，胁迫婚姻的这方当事人在婚姻关系成立后，没有提出撤销婚姻效力的请求权。

2. 提出撤销婚姻效力申请的时间。因胁迫而结婚的，受胁迫方虽然具有撤销该婚姻效力的请求权，但是，这一请求权的行使不是没有任何限制的。本条规定，受胁迫的一方撤销婚姻的请求，应当自胁迫行为终止之日起一年内提出。被非法限制人身自由的当事人请求撤销婚姻的，应当自恢复人身自由之日起一年内提出。这个规定表明，受胁迫方必须在法律规定的时间内行使撤销其婚姻效力的请求权。这是因为，因胁迫而缔结的婚姻往往是受胁迫方违背了自己的意愿而缔结的婚姻，如果结婚后受胁迫方自愿接受了已经成立的婚姻关系，那么法律就会让这个婚姻关系继续有效。如果结婚后受胁迫方不愿维持已经成立的婚姻关系，就可以请求人民法院撤销其婚姻效力，使已经缔结的婚姻关系失效。然而，如果受胁迫方长期不行使这个权利，不主张撤销婚姻的效力，就会使得这一婚姻关系长期处于一种不稳定的状态，不利于保护婚姻双方当事人的合法权益，特别是双方当事人所生子女的利益，也不利于家庭、社会的稳定。同时，还可能使人民法院在判断是否撤销当事人婚姻效力时，由于时间太长而无法作出准确的判断。因此，规定受胁迫方提出撤销婚姻效力的请求权必须在法律规定的时间内行使，如果超过了法律规定的期限还不行使，受胁迫方就失去了请求撤销婚姻效力的权利，其所缔结的婚姻为合法有效的婚姻，受胁迫方不得再以相同的理由申请撤销该婚姻。

依据本条的规定，受胁迫方行使请求撤销婚姻效力的请求权的期限是一年，也就是说在这一年期限内，受胁迫方必须决定是否提出请求撤销婚姻效力的申请，否则，受胁迫方就失去了提出申请撤销婚姻效力的权利。那么，这一年的期限从何时起算呢？本条规定的这一年期限的起算时间有两种情形：第一，自受胁迫方胁迫行为终止之日起算，即受胁迫方应当在胁迫行为终止之日起一年内决定是否申请撤销其婚姻的效力。这里需要说明的是，婚姻法第 11 条规定的是“自结婚登记之日起一年内提出”，本条修改为“自胁迫行为终止之日起一年内提出”。因为胁迫行为可能延续到结婚登记后一年之后，由“结婚登记之日起”改作“胁迫行为终止之日起”更为合理。第二，自受胁迫方恢复人身自由之日起算，即受胁迫方自恢复人身自由之日起一年内决定是否申请撤销其婚姻的效力。这种情况主要考虑到在胁迫的婚姻中，有的受胁迫方是被非法限制人身自由的，如被绑架、拐卖的妇女被迫与他人缔结婚姻关系，这些妇女在被他人限制人身自由，有关部门未解救前，是无法提出撤销婚姻效力的申请的，故被非法限制人身自由的受胁迫方提出撤销婚姻效力的申请时间必须待其恢复人身自由之日起算。

3. 有权撤销婚姻效力的机关。根据本条规定，有权撤销婚姻关系的机关为人民法院，这与婚姻法的规定不同。根据婚姻法第 11 条规定，因胁迫结婚的，受胁迫的一方可以向婚姻登记机关或者人民法院请求撤销该婚姻。这次编纂民法典，只保留了向人民法院请求撤销婚姻的规定，删除了向婚姻登记机关请求撤销婚姻的规定。这是因为，因受胁迫撤销婚姻的问题非常复杂，是否存在胁迫，撤销婚姻后如何处理双方的财产关系和可能的子女抚养问题，都是需要经过审理才能弄清楚和作出合理裁判的。这个工作由婚姻登记机关进行不合适，应当由人民法院处理。在立法过程中，许多学者和一些地方、单位提出，可撤销婚姻应当由人民法院处理，而不应再由婚姻登记机关处理。有关主管部门也提出，行政部门处理可撤销婚姻难度很大，特别是如果涉及财产关系处理和子女抚养，双方很难达成协议，最后还得由人民法院处理，所以不应再规定可撤销婚姻由婚姻登记机关处理，而应只规定由人民法院处理。从国外的情况看，可撤销婚姻基本上也是由法院处理。因此，经过认真研究，决定删除有关受胁迫一方向婚姻登记机关请求撤销婚姻的规定，此类可撤销婚姻的纠纷由人民法院处理。

❖ 案例分析 ❖

上诉人杨某与被上诉人王某撤销婚姻纠纷一案中，杨某向北京市某中级人民法院提起上诉，称其与被上诉人王某于 2019 年 8 月 23 日办理复婚手续是被胁迫，此前被上诉人携带棍棒上门殴打并逼迫上诉人办理临时身份证复婚，并且复婚后马上要求上诉人办理离婚手续，原审法院认定事实错误。王某辩称，同意一审判决，不同意对方上诉请求。

二审法院认为，当事人对自己提出的诉讼请求所依据的事实或者反驳对方诉讼请求所依据的事实有责任提供证据加以证明。没有证据或者证据不足以证明当事人的事实主张的，由负有举证责任的当事人承担不利后果。当事人对欺诈、胁迫、恶意串通事实的证明，人民法院确信该待证事实存在的可能性能够排除合理怀疑的，应当认定该事实存在。本案中，杨某主张被王某逼迫复婚，要求撤销婚姻关系，但综合本案审理情况，杨某提交的证据未能达到法定证明标准。一审法院驳回杨某的诉讼请求，并无不当。杨某上诉坚持对本案的异议，因事实依据不足，本院不予支持。综上所述，杨某的上诉请求不能成立，应予驳回；一审判决认定事实清楚，适用法律正确，应予维持。依照有关法律规定，判决驳回上诉，维持原判。

第一千零五十三条　一方患有重大疾病的，应当在结婚登记前如实告知另一方；不如实告知的，另一方可以向人民法院请求撤销婚姻。

请求撤销婚姻的，应当自知道或者应当知道撤销事由之日起一年内提出。

❖ 条文主旨 ❖

本条是关于因隐瞒重大疾病的可撤销婚姻的规定。

❖ 条文解读 ❖

本条修改源自规定禁婚条件的婚姻法第 7 条。婚姻法第 7 条第 2 项规定的禁止结婚的情形是“患有医学上认为不应当结婚的疾病”。这次编纂民法典婚姻家庭编没有保留此项禁止结婚的条件，将“隐瞒重大疾病”作为撤销婚姻的条件作了专门规定。

男女结婚组成家庭后，不仅开始了两个人的共同生活，夫妻互相依存、互相帮助、互相扶养，而且还承担着养育子女的义务。如果婚前患有医学上认为不应当结婚的疾病，结婚后则可能传染给对方或者传染、遗传给下一代，不利于家庭的和睦、幸福。因此，为了配偶和子女的身体健康，如果婚前患有重大疾病，就不能隐瞒，应当在结婚登记前如实告知另一方；结婚登记前不如实告知的，结婚登记后另一方可以向人民法院请求撤销婚姻。

本条规定，请求撤销婚姻的，应当自知道或者应当知道撤销事由之日起一年内向人民法院提出。所谓“知道”，是指有直接和充分的证据证明当事人知道对方患病。“应当知道”，是指虽然没有直接和充分的证据证明当事人知道，但是根据生活经验、相关事实和证据，按照一般人的普遍认知能力，运用逻辑推理可以推断当事人知道对方患病。如果不能在知道或者应当知道撤销事由之日起一年内提出，就只能通过协议离婚或者诉讼离婚的程序解除婚姻关系。

构成“隐瞒重大疾病”：在主观方面，结婚时关于疾病的事项，如不因被隐瞒而发生错误认知，如果知道疾病事项，就一定不会结婚。即从隐瞒到错误认识再到结婚是一连串的因果关系。如果没有隐瞒就没有结婚。隐瞒的疾病事项对婚姻有着决定性影响。在客观方面，也必须相当重大或重要。有的解释为涉及“婚姻要素”，有的解释为涉及“婚姻本质”。如本条规定的“重大疾病”，《瑞士民法典》规定的“严重危害其或其后代的健康的疾病”，而不是一般的感冒发烧等小病症。当然，主观方面和客观方面是相联系的。

在立法过程中，有的意见认为，应当明确规定隐瞒了哪些重大疾病才作为撤销婚姻的事由。1950 年婚姻法规定了“花柳病”“精神失常未经治愈”“患麻风”为禁婚条件。1980 年婚姻法规定“麻风病”为禁婚条件。2001 年婚姻法规定的禁婚条件没有具体列举疾病名称。母婴保健法规定了婚前医学检查的“严重遗传性疾病”“指定传染病”“有关精神病”三类疾病。本条没有具体列明哪些疾病属于“重大疾病”，主要是考虑到技术在进步，医疗水平在提高。在不同的历史时期，认定的重大疾病完全可能是不同的。重大疾病具体是什么病，或者某种疾病是不是重大疾病，需要司法机关和有关的部门、单位在司法实践中进行认定。

第一千零五十四条　无效的或者被撤销的婚姻自始没有法律约束力，当事人不具有夫妻的权利和义务。同居期间所得的财产，由当事人协议处理；协议不成的，由人民法院根据照顾无过错方的原则判决。对重婚导致的无效婚姻的财产处理，不得侵害合法婚姻当事人的财产权益。当事人所生的子女，适用本法关于父母子女的规定。

婚姻无效或者被撤销的，无过错方有权请求损害赔偿。

❖ 条文主旨 ❖

本条是关于无效或者被撤销婚姻法律后果的规定。

❖ 条文解读 ❖

本条对无效或者被撤销的婚姻的法律后果作了规定，即无效或者被撤销的婚姻，自始没有法律约束力。子女和财产处理规则相同。无效婚姻和可撤销婚姻虽然在法律后果上是一致的，但无效婚姻和可撤销婚姻还是有些不同点：（1）无效婚姻是违反禁止结婚条件的，当事人或是已有配偶，或是有不能结婚的亲属关系，或是不到法定年龄。可撤销婚姻是因为胁迫，本不自愿，或者因为受隐瞒重大疾病使认识错误，如果知道就不会结婚。（2）对于无效婚姻，当事人、利害关系人和相关组织都可以申请无效，人民法院可依法宣告无效。受胁迫和受隐瞒重大疾病的两类可撤销婚姻，只有当事人可以申请撤销，人民法院必须依当事人的申请撤销。（3）无效婚姻的宣告没有时间上的限制，人民法院根据实际情况裁判是否宣告无效。可撤销婚姻必须由当事人在规定的时间内提出，超出规定的时间则不能再提出撤销申请，如要解除婚姻关系只能走离婚的程序。

按照本条规定，无效或者被撤销的婚姻，婚姻关系自始不发生法律约束力。即从当事人结婚之时，婚姻就没有法律效力。即使当事人骗取婚姻登记，该婚姻也是自始无效，而不是从人民法院宣告之时起婚姻才没有法律效力。这种婚姻关系不论结婚的事实是否发生，结婚时间是否长久，婚姻关系被法律确认自始不存在，不受法律保护。

无效或者被撤销的婚姻，当事人之间不具有夫妻的权利和义务。本法规定，夫妻有互相扶养的义务。一方不履行扶养义务时，需要扶养的一方，有要求对方给付扶养费的权利。夫妻有相互继承遗产的权利。夫妻一方因抚育子女、照料老人、协助另一方工作等负担较多义务的，离婚时有权向另一方请求补偿。另一方应当给予补偿。离婚时，如一方生活困难，有负担能力的另一方应当给予适当帮助。因一方重婚或者与他人同居、实施家庭暴力、虐待、遗弃家庭成员或者其他重大过错而导致离婚的，无过错方有权请求损害赔偿。本法有关夫妻权利义务的规定，前提是合法婚姻，是有效婚姻。由于无效婚姻、可撤销婚姻欠缺婚姻成立的法定条件，是不合法婚姻，有关夫妻权利义务的规定对无效婚姻、被撤销婚姻的当事人都不适用。

无效或者被撤销的婚姻，当事人所生子女的权利义务关系适用本法有关父母子女间的权利义务的规定。无效婚姻、可撤销婚姻不具有法律效力，但由于男女当事人的同居关系，可能产生生儿育女的事实，随之而来的是对无效婚姻、可撤销婚姻所生子女法律地位的确定。从逻辑上讲，由于无效婚姻、可撤销婚姻的男女双方没有合法的夫妻关系，他们在共同生活期间所生的子女应为非婚生子女，但从世界各国的立法规定及司法实践看，许多国家都从保护子女利益出发，对无效婚姻、可撤销婚姻当事人共同生活期间所生的子女，采取保护的原则，承认其子女的合法地位。我国民法典婚姻家庭编确立的基本原则之一是保护妇女、未成年人、老年人、残疾人的合法权益。本法第 1071 条第 1 款规定，非婚生子女享有与婚生子女同等的权利，任何组织或者个人不得加以危害和歧视。因此，在规定无效婚姻、可撤销婚姻当事人所生子女的法律地位时，坚持并贯彻了这一基本原则，规定无效或者被撤销的婚姻当事人所生子女的权利义务，与合法婚姻当事人所生子女的权利义务一样。如父母对未成年子女有抚养、教育和保护的义务，成年子女对父母有赡养、扶助和保护的义务。父母不履行抚养义务的，未成年子女或者不能独立生活的成年子女，有要求父母给付抚养费的权利。成年子女不履行赡养义务的，缺乏劳动能力或者生活困难的父母，有要求成年子女给付赡养费的权利。父母有教育、保护未成年子女的权利和义务，未成年子女造成他人损害的，父母应当依法承担民事责任。婚姻关系被确认为无效或者被撤销后，父母对子女仍有抚养和教育的权利和义务，一方抚养子女，另一方应负担部分或者全部抚养费。不直接抚养子女的父或母，有探望子女的权利，另一方有协助的义务。

无效或者被撤销的婚姻，当事人同居期间所得的财产，由当事人协议处理；协议不成的，由人民法院根据照顾无过错方的原则判决。对重婚导致的无效婚姻的财产处理，不得侵害合法婚姻当事人的财产权益。

在2001年婚姻法修改过程中，对如何规定无效婚姻、可撤销婚姻当事人同居期间所得财产的处理原则，存在着不同的看法。一种意见认为，无效婚姻、可撤销婚姻是违法婚姻，在解除其违法婚姻关系时，对当事人同居期间所得财产的处理应当与解除合法婚姻关系时财产处理的原则有所区别。处理无效或者被撤销婚姻当事人同居期间所得财产的原则应当是：（1）双方当事人同居期间各自的收入，认定为个人财产。双方各自继承和受赠的财产，按照个人财产对待。无效婚姻、可撤销婚姻被解除时，当事人一方个人的财产归个人所有。（2）同居期间当事人双方共同所得的收入和购置的财产，按照按份共有处理。婚姻被确认为无效或婚姻关系被撤销后，双方当事人都有权请求从共有财产中分割出属于自己的份额。（3）对同居期间为共同生产、生活而形成的债权、债务，债权按照按份共有处理，债务由双方协议偿还，协议不成时由人民法院依法判决，双方对债务互负连带责任。

另一种意见认为，无效婚姻、可撤销婚姻虽然不符合法定的结婚条件，当事人之间不是合法的夫妻关系，但是，对当事人同居期间所得财产的处理原则，不宜完全按照民法通则按份共有的原则分割。对于无效婚姻或者可撤销婚姻，当事人在同居期间，如果一方收入比另一方多，按照按份共有分割当事人同居期间所得的财产，那么，收入多的一方分得的财产必定比另一方多，而另一方虽然收入少，但在抚育子女、照料老人等家务上付出了大量的劳动，有的还协助另一方工作，并承担较多的义务。因此，在分割当事人同居期间所得财产时，不能按照按份共有的原则分割，否则不利于保护妇女、儿童、老年人、残疾人的合法权益。

在广泛听取各方面意见的基础上，经过认真研究，多次修改，婚姻法规定无效的或者被撤销的婚姻，当事人同居期间所得的财产，在婚姻被确认无效或者婚姻关系被依法撤销时，由当事人协议处理。如果无效婚姻或者可撤销婚姻当事人在同居期间对财产的归属有约定的，要依据当事人的约定分割当事人同居期间的财产。如果当事人对同居期间财产的归属没有约定，又达不成协议时，人民法院对当事人同居期间所得的财产，根据照顾无过错方的原则予以分割。即对无效婚姻或者可撤销婚姻的无过错一方当事人可以多分财产。但是，对因重婚导致婚姻无效的财产的处理，不得侵害合法婚姻当事人的财产权益，即多分重婚导致的无效婚姻当事人同居期间所得财产给无过错方，不得侵害重婚一方合法婚姻的配偶一方当事人的财产权益。例如，甲有配偶又与乙登记结婚，人民法院根据照顾无过错方的原则，分割甲乙在无效婚姻期间所得财产时，不能将本应是甲第一个合法婚姻的夫妻共同财产分给乙。民法典继续维持了这一规定。

在立法过程中，有的常委委员、地方、专家学者和社会公众提出，无效婚姻和可撤销婚姻给无过错的当事人带来极大伤害，仅规定根据照顾无过错方的原则分配财产是远远不够的。受到伤害就应有权请求赔偿，伤害他人就得承担赔偿责任。婚姻无效和被撤销的，还应当赋予无过错方请求损害赔偿的权利，这样有利于保护无过错方的权益。经研究民法典采纳了这一意见。本条第 2 款规定：“婚姻无效或者被撤销的，无过错方有权请求损害赔偿。”

第三章　家庭关系

本章分两节，共二十一条。第一节为夫妻关系，对夫妻地位、夫妻姓名权、夫妻人身自由权、对子女的权利义务、相互扶养义务、日常家事代理权、相互遗产继承权，以及夫妻共同财产、个人财产、共同债务的界定、约定财产制、婚内析产等作了规定；第二节为父母子女关系和其他近亲属关系，对父母与子女之间的权利和义务、非婚生子女、继父母与继子女、亲子关系异议之诉以及祖父母、外祖父母与孙子女、外孙子女之间抚养和赡养义务以及兄弟姐妹间扶养义务等作了规定。

第一节　夫妻关系

第一千零五十五条　夫妻在婚姻家庭中地位平等。

❖ 条文主旨 ❖

本条是关于夫妻地位平等的规定。

❖ 条文解读 ❖

对本条规定，可以从以下几个方面理解：

第一，夫妻在婚姻家庭中地位平等的规定，是处理夫妻关系的指导原则，是确定夫妻之间各项权利义务的基础。夫妻地位平等意味着夫妻在共同生活中平等地行使法律规定的权利，平等地履行法律规定的义务，共同承担对婚姻、家庭和社会的责任。在家庭关系一章规定夫妻地位平等，也是婚姻家庭编一般规定一章中规定的男女平等原则在婚姻家庭关系中的具体体现。夫妻地位平等作为家庭关系一章的第1条，也是家庭关系一章其他各条款的指导原则，家庭关系一章中其他各条都要贯彻这一原则。家庭关系一章共有二十一条，而现实生活是复杂的，涉及婚姻家庭关系会出现各种各样的情况，在司法实践中，要解决矛盾、解决纠纷，要依法作出裁判。在法律没有具体规定的情况下，对夫妻关系的处理，就要依据夫妻在婚姻家庭中地位平等这一规定作出判断。因此，本条规定也为司法实践中处理夫妻之间的权利义务纠纷提供了依据。

第二，规定夫妻在婚姻家庭中地位平等，主要意义在于强调夫妻在人格上的平等以及权利义务上的平等。夫妻双方应当互相尊重对方的人格独立，不得剥夺对方享有的权利，夫妻任何一方不得只享有权利不尽义务，只尽义务而不享有权利。特别是要强调保护妇女，保护妻子在家庭中的人格独立，禁止歧视妇女，禁止家庭暴力，禁止对妻子的虐待和遗弃。重点是要保护妇女在家庭中的各项权益。

第三，规定夫妻在婚姻家庭中地位平等，不是指夫妻的权利义务一一对等，更不是指夫妻要平均承担家庭劳务等。平等不是平均，权利义务可以合理分配和承担，家庭劳务也可以合理分担。对于婚姻家庭事务，夫妻双方均有权发表意见，应当协商作出决定，一方不应独断专行。

第一千零五十六条　夫妻双方都有各自使用自己姓名的权利。

◆ 条文主旨 ◆

本条是关于夫妻姓名权的规定。

◆ 条文解读 ◆

一、姓名权

姓名权是指自然人依法享有的决定、使用、变更或者许可他人使用自己的姓名并排除他人干涉或者非法使用的权利。姓名权是自然人的一项重要人格权，是自然人独立人格的重要标志。

二、夫妻的姓名权

夫或者妻有无独立的姓名权是夫或者妻在婚姻家庭中有无独立人格的重要标志。在古代和资本主义社会初期，无论是中国还是西方，大都要求妇女从夫姓，这显然是夫权婚姻的产物。我国古代婚姻大多为男娶女嫁，结婚后女方要冠以夫姓，即将丈夫的姓放在自己的姓之前。有些妇女往往只有小名，有的甚至没有自己的名，如“张王氏”，谓姓王的嫁给姓张的做妻子。

新中国成立后，1950 年婚姻法第 11 条规定：“夫妻有各用自己姓名的权利。”废除在姓名问题上歧视妇女的旧法，代之以夫妻在姓名权上完全平等的规定。1980 年和 2001 年修改的婚姻法重申了这一规定。这次编纂民法典，对这一条仅作了文字上的修改，实质内容没有变化。根据本条规定，自然人的姓名权不受婚姻的影响，男女双方结婚后，其婚前姓名无须改变，妇女结婚后仍然有权使用自己的姓名。这对于保障已婚妇女的独立人格，促进夫妻在婚姻家庭关系中地位平等，具有积极意义。

第一千零五十七条　夫妻双方都有参加生产、工作、学习和社会活动的自由，一方不得对另一方加以限制或者干涉。

❖ 条文主旨 ❖

本条是关于夫妻人身自由权的规定。

❖ 条文解读 ❖

人身自由权是每个自然人最基本的权利，夫妻的人身自由权是自然人人身自由权的具体体现，是夫妻在婚姻家庭关系中地位平等的重要标志。夫妻的人身自由权是指夫妻双方从事社会职业、参加社会活动和进行社会交往的权利和自由，强调自然人的人身自由权不因结婚而受限制。这一权利对男女双方都适用，但实际上重点是保障妇女在婚后仍然享有独立人格、具有独立身份，能够按照自己的意愿从事社会职业、参加社会活动和进行社会交往，禁止丈夫或者其他人对妻子人身自由权利的干涉。

根据本条规定，夫妻人身自由权主要包括以下三个方面的内容：

一、夫妻双方都有参加生产、工作的权利

所谓生产、工作是指一切从事的社会职业和社会劳动。我国妇女参加生产、工作非常积极，国家与社会也提供了有力的保障，妇女权益保障法中对保护妇女的劳动权益作了详尽规定。妇女享有参加生产、工作的自由权而不受干涉，是妇女享有与丈夫平等地位的前提。

二、夫妻双方都有参加学习的权利

这里的学习，不仅包括正规的在校学习，也包括扫盲学习、职业培训以及其他各种形式的专业知识与专业技能的学习。保证妇女学习的自由权，对于提高妇女的文化素质、提高妇女的就业率，进而保障妇女在家庭中与丈夫的平等地位都是必不可少的。而且，保证妇女学习的自由权，对于子女的培养、对于全民族文化素质的提高，也具有重要意义。

三、夫妻双方都有参加社会活动的权利

所谓社会活动，包括参政、议政活动，科学、技术、文学、艺术和其他文化活动，各种群众组织、社会团体的活动，以及各种形式的公益活动等。参加社会活动的自由权来自于公民依法享有的民主权利，是社会主义条件下对夫妻关系的要求。婚姻法对夫妻参与社会活动自由权的规定主要是保护妇女的。旧中国妇女被排斥在社会生活之外，新中国成立以后，妇女全面参与国家和社会事务管理，在政治、经济、教育、科技、文化、体育、卫生等社会生活的各个方面都取得了令人瞩目的发展。明确妇女参与社会活动的自由，是夫妻人格独立，享有人身自由的重要体现。

但要注意的是，本条规定了夫妻的人身自由权，并不意味着夫妻可以不顾家庭、为所欲为。夫妻行使人身自由的权利，必须符合法律与社会主义道德的要求，不得滥用权利损害家庭和他人的合法权益。自然人婚前与婚后截然不同，对配偶、子女、家庭有不可推卸的义务和责任。夫妻任何一方在行使自己的人身自由权的同时，还必须履行自己对家庭应承担的义务和责任，两者应当协调统一起来。夫妻有参加社会活动的自由，但是夫妻也有相互扶养的义务，有抚养、教育子女的义务，有赡养老人的义务。如果夫妻一方对家庭、子女漠不关心，不顾一切地参加各种社会活动，与本条的立法精神是不相符合的。夫妻之间应当互相尊重、互谅互让、互相协商，处理好参加生产、工作、学习和社会活动与尽到家庭责任之间的关系。只有这样，家庭才能幸福和睦。

第一千零五十八条　夫妻双方平等享有对未成年子女抚养、教育和保护的权利，共同承担对未成年子女抚养、教育和保护的义务。

❖ 条文主旨 ❖

本条是关于夫妻双方平等享有和共同承担对未成年子女抚养、教育和保护的权利和义务的规定。

❖ 条文解读 ❖

本法总则编第 26 条第 1 款规定："父母对未成年子女负有抚养、教育和保护的义务。"抚养，是指父母抚育子女的成长，并为他们的生活、学习提供一定的物质条件。教育，是指父母要按照法律和道德要求，采取正确的方法，对其未成年子女进行教导，并对其行为进行必要的约束，其目的是保障未成年子女的身心健康。保护，是指父母应当保护其未成年子女的人身安全和合法权益，预防和排除来自外界的危害，使其未成年子女的身心处于安全状态。抚养、教育和保护子女既是父母应尽的义务，也是父母应有的权利。

要强调的是，父母对子女的抚养、教育和保护的权利和义务，由父母双方平等享有、共同承担，而非一方的单方权利和义务。这是现代各国几乎都确立的父母共同亲权原则。

共同亲权原则实际上是男女平等原则的体现。根据本条规定，对未成年子女抚养、教育和保护的权利由该子女的父母即夫妻双方平等享有，如何行使这一权利，夫妻双方应当共同决定，不允许任何一方剥夺对方的这一权利。同样，对未成年子女抚养、教育和保护的义务由夫妻双方共同承担，不允许任何一方不履行这一义务。

第一千零五十九条　夫妻有相互扶养的义务。

需要扶养的一方，在另一方不履行扶养义务时，有要求其给付扶养费的权利。

❖ 条文主旨 ❖

本条是关于夫妻相互扶养义务的规定。

❖ 条文解读 ❖

夫妻相互扶养义务是指夫妻之间相互供养和扶助的法定义务，对保障夫妻正常生活，维护婚姻家庭关系的稳定，具有重要意义。夫妻相互扶养义务与夫妻人身关系密不可分，夫妻之间接受对方扶养的权利和履行扶养对方的义务是基于夫妻间的配偶身份关系的产生而产生的，也会随着夫妻间的配偶身份关系的消灭而消灭。即这一义务始于婚姻关系确立之日，终止于婚姻关系解除之日。

夫妻之间的相互扶养既是权利又是义务，而且这种权利义务是相互对应和平等的，夫妻互为权利主体和义务主体。也就是说，丈夫有扶养其妻子的义务，妻子也有扶养其丈夫的义务；反之，夫妻任何一方均享有受对方扶养的权利。夫妻相互扶养义务与夫妻地位平等是相适应的。

夫妻互相扶养义务是法定义务，具有强制性，夫妻之间不得以约定形式改变这一法定义务。有扶养能力的一方，对于因失业、残疾、患病、年老等原因没有固定收入，缺乏生活来源的另一方，必须主动履行扶养义务。即使是根据本法第 1065 条规定，有的夫妻实行分别财产制，约定各自的工资或者收入归各自所有时，也不意味着夫或妻只负担各自的生活费用而不承担扶养对方的义务，如当一方患有重病时，另一方仍有义务尽力照顾，并提供有关治疗费用。目前，在我国的一些家庭中，夫妻双方的经济收入还有一定差距，往往是丈夫收入多于妻子，在扶养问题上，丈夫应多承担一些义务。在司法实践中，在处理夫妻互相扶养问题上，也更注重保护女方的合法权益。

但在实践生活中，有的人对自己的配偶，在生活困难时不主动履行扶养义务，甚至无情地抛弃对方。因此，为了保障夫妻相互扶养义务的履行，本条第 2 款明确规定了对不履行扶养义务的一方，另一方有追索扶养费的请求权。当夫或妻一方不履行扶养义务时，需要扶养的一方可以根据本条第 2 款的规定，要求对方给付扶养费。应当给付扶养费的一方拒绝给付或者双方就扶养费数额、支付方式等具体内容产生争议的，需要扶养的另一方可以直接向人民法院提起诉讼，或者向人民调解组织提出调解申请，要求获得扶养费。如果夫或妻一方患病或者没有独立生活能力，有扶养义务的配偶拒绝扶养，情节恶劣，构成遗弃罪的，还应当承担刑事责任。

第一千零六十条　夫妻一方因家庭日常生活需要而实施的民事法律行为，对夫妻双方发生效力，但是夫妻一方与相对人另有约定的除外。

夫妻之间对一方可以实施的民事法律行为范围的限制，不得对抗善意相对人。

❖ 条文主旨 ❖

本条是关于夫妻日常家事代理权的规定。

❖ 条文解读 ❖

夫妻日常家事代理权，是指夫妻一方因家庭日常生活需要而与第三方为一定民事法律行为时互为代理的权利。夫妻一方在日常家庭事务范围内，与第三方所实施的一定民事法律行为，视为依夫妻双方的意思表示所为的民事法律行为，另一方也应承担因此而产生的法律后果。

在日常生活中，夫妻需要处理的家庭事务很多，参与社会经济生活非常频繁，需要实施不少民事法律行为。这些民事法律行为由夫妻双方共同处理当然更能充分体现其共同意愿，但如果要求所有民事法律行为都必须由夫妻双方共同实施，必然加大婚姻生活成本，加大社会经济活动成本，客观上是不必要甚至是不可能的。为了方便经济交往和婚姻家庭生活，保护夫妻双方和相对人的合法权益，维护社会交易安全，有必要赋予夫妻双方日常家事代理权。

理解本条规定，需要注意以下几个方面的问题：

第一，夫妻日常家事代理权的权利主体。法律设立夫妻日常家事代理权这一权利的目的在于扩张夫妻双方的意思自治，使得夫妻双方在日常家庭事务的处理中无须事必躬亲，从而突破夫妻各自在时间、精力上的局限性，满足夫妻共同生活的需要。因此，夫妻日常家事代理权为夫妻双方同等享有，夫妻双方在处理日常家庭事务中互相为代理人，各自都可以行使夫妻日常家事代理权。

第二，夫妻日常家事代理权的存续期间。夫妻日常家事代理权由法律直接规定，以夫妻身份的存在为前提。因此，夫妻日常家事代理权只存在于具有合法婚姻关系的配偶之间，始于婚姻关系的确立，终于婚姻关系的解除。在婚姻关系存续期间，夫妻日常家事代理权始终存在。

第三，夫妻日常家事代理权的行使方式。夫妻日常家事代理权的行使方式与一般代理不同。本法总则编规定的代理包括委托代理和法定代理，代理人都必须以被代理人的名义实施民事法律行为。而对于夫妻日常家事代理权，夫妻任何一方在日常家事范围内与第三人为民事法律行为时，不必明确其代理权，可直接以自己名义、另一方名义或者双方名义为之。

第四，夫妻日常家事代理权的行使范围。夫妻日常家事代理权的行使范围仅限于“因家庭日常生活需要而实施的民事法律行为”，通说概括为“日常家庭事务”或者“日常家事”。日常家事，是指为满足正常夫妻共同生活和家庭生活所必需的，非属人身性的一切事务，比如，购买食物、衣服等生活用品，正常的娱乐、保健、医疗费用，通常的子女教育费用等。国家统计局有关统计资料显示，我国城镇居民家庭消费种类主要分为八大类，分别是食品、衣着、家庭设备用品及维修服务、医疗保健、交通通信、文娱教育及服务、居住、其他商品和服务。对“家庭日常生活需要”的范围，我们认为，可以参考上述八大类家庭消费的分类，根据夫妻共同生活的状态（如双方的职业、身份、资产、收入、兴趣、家庭人数等）和当地一般社会生活习惯予以认定。鉴于我国东、中、西部经济发展不平衡，城乡差异巨大，家庭日常生活需要的范围在不同地区、不同家庭有很大差异，目前还难以确定一个统一的具体标准。

需要强调的是，家庭日常生活需要的支出，是指通常情况下必要的家庭日常消费，主要包括正常的衣食消费、日用品购买、子女抚养教育、老人赡养等各项费用，是维系一个家庭正常生活所必需的开支，立足点在于“必要”。随着我国经济社会和人们家庭观念、家庭生活方式的不断发展变化，在认定是否属于家庭日常生活需要支出时，也要随着社会的发展变化而不断变化。

第五，夫妻日常家事代理权的行使限制。通常情况下，夫妻任何一方都可以在日常家事的范围内行使日常家事代理权。但在实际生活中，基于种种考虑，如一方时间、精力、知识、能力上的原因，一方滥用代理权的原因等，有时候夫妻双方会对一方可以实施的民事法律行为有所限制。这种限制在夫妻双方之间是有效的，法律无须加以规制，但为了保护正常交易安全，保护第三人的合法权益，法律明确规定这种限制不能对抗善意相对人。所谓“善意”，是指相对人不知道或者不应当知道夫妻之间对一方可以实施的民事法律行为的限制。比如，妻子与丈夫约定，丈夫不得购买一条以上的香烟，结果丈夫到小卖部购买了两条香烟，小卖部无从知晓夫妻双方对于购买香烟的约定，则该买卖行为是有效的。

第六，夫妻日常家事代理权的法律效力。夫妻任何一方行使夫妻日常家事代理权所实施的民事法律行为，对夫妻双方都发生效力，即该民事法律行为所产生的法律效果归属于夫妻双方。夫妻任何一方基于夫妻日常家事代理权所实施的民事法律行为所设立、变更、终止民事法律关系的一切结果都归属于夫妻双方，取得的权利由夫妻双方共同享有，产生的义务也由夫妻双方共同承担。但是，如果夫妻一方在行使夫妻日常家事代理权的同时，与相对人就该民事法律行为另有约定的，则法律效力依照该约定。比如，丈夫在购买家具时，与家具商约定，该家具购买合同只约束自己，不涉及妻子，则该家具合同所产生的债权债务关系仅在家具商与丈夫之间有效。

第一千零六十一条 夫妻有相互继承遗产的权利。

◆ 条文主旨 ◆

本条是关于夫妻相互遗产继承权的规定。

◆ 条文解读 ◆

夫妻互相享有遗产继承权，是夫妻双方在婚姻家庭关系中地位平等的一个重要标志。根据本法的规定，理解夫妻相互遗产继承权，应注意把握以下问题：

第一，夫妻相互遗产继承权以合法的夫妻关系为前提。夫妻间的继承权是基于婚姻的法律效力产生的，只有具备合法婚姻关系的夫妻双方，才能以配偶身份继承对方的遗产。如双方属于婚外姘居的，如“包二奶”的情况下，双方就不享有法定的相互遗产继承权。只有在婚姻关系确立之日起至婚姻关系解除之日止，配偶一方死亡，另一方才享有继承权。

第二，夫妻互为第一顺序的法定继承人。根据本法继承编第1127条的规定，第一顺序的法定继承人包括配偶、子女、父母。除了本法继承编第1125条规定的丧失继承权等情形外，不得以任何理由剥夺、限制或者干涉生存一方对死亡配偶所享有的继承权。

第三，要正确确定继承遗产的范围，不得侵害生存配偶的合法财产权。夫或妻一方死亡时，继承开始，首先要确定哪些财产属于被继承人的遗产。被继承人的财产一般包括在夫妻共同财产中的份额以及其个人财产。本法继承编第1153条第1款规定："夫妻共同所有的财产，除有约定的外，遗产分割时，应当先将共同所有的财产的一半分出为配偶所有，其余的为被继承人的遗产。"也就是说，对于婚姻关系存续期间所得的夫妻共同财产，除夫妻双方另有约定外，在配偶一方死亡时，应当先对夫妻共同财产进行认定和分割，并分出一半为生存配偶所有，一半作为死者遗产进行继承。要严格防止将夫妻共同财产都作为遗产继承，侵犯生存配偶的合法财产权益。被继承人的个人财产和共同财产的一半为其所有遗产，如果死者生前没有立遗嘱，其生存配偶与其他第一顺序的继承人，包括被继承人的子女、父母按照法定继承均分其遗产。

第四，注意保障生存配偶对分得遗产的所有权。夫妻一方死亡后，生存的另一方依法继承死者遗产后，就取得了该财产的所有权，有权根据自己的意愿和利益在法律允许的范围内占有、使用和处理该财产。如果再婚，有权带走或处分其继承的财产。实践中，有的寡妇因再婚离开原家庭时，将其继承其亡夫的财产带走的，有时会受到个别近亲属的阻扰，引发各种纠纷。对此，本法继承编第1157条也作了明确规定："夫妻一方死亡后另一方再婚的，有权处分所继承的财产，任何组织或者个人不得干涉。”

第一千零六十二条　夫妻在婚姻关系存续期间所得的下列财产，为夫妻的共同财产，归夫妻共同所有：

（一）工资、奖金、劳务报酬；

（二）生产、经营、投资的收益；

（三）知识产权的收益；

（四）继承或者受赠的财产，但是本法第一千零六十三条第三项规定的除外；

（五）其他应当归共同所有的财产。

夫妻对共同财产，有平等的处理权。

❖ 条文主旨 ❖

本条是关于夫妻共同财产的规定。

❖ 条文解读 ❖

本条第 1 款规定，夫妻在婚姻关系存续期间所得的财产，如工资和奖金、从事生产、经营的收益等，为夫妻的共同财产，归夫妻共同所有。这一规定表明，我国的夫妻共同财产制采用的是婚后所得共同制，即在婚姻关系存续期间，除个人特有财产和夫妻另有约定外，夫妻双方或者一方所得的财产，均归夫妻共同所有，夫妻双方享有平等的占有、使用、收益和处分权的财产制度。这里的共同所有指的是共同共有，不是按份共有①。

根据本条的规定，我国的夫妻共同财产具有以下特征：

① 按份共有：是指共有人分别按照确定的份额对共有财产分享权利、分担义务。

1. 夫妻共同财产的主体，是具有婚姻关系的夫妻。未形成婚姻关系的男女两性，如未婚同居、婚外同居等，以及无效或者被撤销婚姻的男女双方，不能成为夫妻共同财产的主体。

2. 夫妻共同财产，是在婚姻关系存续期间取得的财产。夫妻任何一方的婚前财产不属于夫妻共同财产。婚姻关系存续期间，自合法婚姻缔结之日起，至夫妻一方死亡或者离婚生效之日止。

3. 夫妻共同财产的来源，为夫妻双方或者一方所得的财产，既包括夫妻通过劳动所得的财产，也包括其他非劳动所得的合法财产，当然，法律直接规定为个人特有财产的和夫妻约定为个人财产的除外。这里讲的“所得”，是指对财产权利的取得，而不要求对财产实际占有，如果一方在婚前获得某项财产（如稿费），但并未实际取得，而是在婚后出版社才支付稿费，此时这笔稿费不属于夫妻共同财产。同理，如果在婚后出版社答应支付一笔稿费，但直到婚姻关系终止前也没有得到这笔稿费，那么这笔稿费也属于夫妻共同财产。

4. 夫妻对共同财产享有平等的所有权，双方享有同等的权利，承担同等的义务。夫妻对共同所有的财产，有平等的处理权。特别是夫妻一方对共同财产的处分，除另有约定外，应当取得对方的同意。

关于夫妻共同财产的范围，本条第 1 款作了列举式的规定：

1. 工资、奖金、劳务报酬。即劳动者的劳动收入，既包括工资、奖金，也包括各种津贴、补贴等劳务报酬。

2. 生产、经营、投资的收益。这包括夫妻一方或者双方从事生产、经营所得的各种收入和投资所得的收入，如农村中的农业生产和城市里的工业生产以及第三产业等各行各业的生产经营投资收益，有劳动收入，也有资本收益，如股票债券收入、股份、股权等资本利得，亦是夫妻共同财产的一种形式。

3. 知识产权的收益。知识产权是一种智力成果权，它既是一种财产权，也是一种人身权，具有很强的人身性，与人身不可分离，婚后一方取得的知识产权权利本身归一方专有，权利也仅归权利人行使，比如，作者的配偶无权在其著作中署名，也不能决定作品是否发表。但是，由知识产权取得的经济利益，则属于夫妻共同财产，如因发表作品取得的稿费，因转让专利获得的转让费等，归夫妻共同所有。

4. 继承或者受赠的财产，但遗嘱或者赠与合同中确定只归一方的财产除外。夫妻任何一方继承或者受赠的财产属于夫妻共同财产，但如果遗嘱或者赠与合同中指明财产归夫妻一方所有的，是遗嘱人或者赠与人根据自己意愿处分财产的表现，基于意思自治，应当尊重其对财产的处分权，该财产归一方所有。

5. 其他应当归共同所有的财产。这项规定属于概括性规定。随着社会经济的发展和人们生活水平的提高，夫妻共同财产的范围在不断地扩大，共同财产的种类在不断地增加，目前，夫妻共同财产已由原来简单的生活用品发展到汽车、房产、股票、债券乃至整个公司、企业等，今后还将出现一些新的财产类型。上述四项只是列举了现已较为明确的共同财产的范围，但难以列举齐全，因此，作了这项概括性规定。

本条第 2 款规定："夫妻对共同财产，有平等的处理权。"这是关于夫妻如何对共同财产行使所有权的规定。如前所述，夫妻共同财产的性质是共同共有，不是按份共有，因此，夫妻对全部共同财产，应当不分份额地享有同等的权利，承担同等的义务。不能根据夫妻双方经济收入的多少来确定其享有共同财产所有权的多少。夫妻双方对共同财产享有平等的占有、使用、收益和处分的权利。夫妻一方对共同财产的使用、处分，除另有约定外，应当在取得对方的同意之后进行。尤其是重大财产问题，未经对方同意，任何一方不得擅自处分。夫妻一方在处分共同财产时，另一方明知其行为而不作否认表示的，视为同意，事后不得以自己未参加处分为由否认处分的法律效力。夫妻一方未经对方同意擅自处分共同财产的，对方有权请求宣告该处分行为无效，但不得对抗善意第三人，即如果第三人不知道也无从知道夫妻一方的行为属于擅自处分行为的，该处分行为有效，以保护第三人的利益，维护交易安全。

❖ 案例分析 ❖

上诉人崔某与被上诉人孙某离婚后财产纠纷一案中，2014年5月15日，孙某向河南省某市中级人民法院起诉，请求：(1) 依法分割崔某在新乡天禄工业有限公司（以下简称天禄公司）所持有的23%的股份，即25746020.46元；依法分割崔某在新乡宜美生物工程有限公司（以下简称宜美公司）所持有的30%的股份，即75万元。(2) 保留对崔某名下未查明的资产诉权。(3) 案件一切诉讼费用由崔某承担。

二审法院认为，关于崔某持有的天禄公司23%的股权是否属于夫妻共同财产问题。崔某取得该23%的股权的时间是在与孙某夫妻关系存续期间，按照有关法律规定，除非存在法律规定的除外情况，否则为夫妻共同财产。崔某上诉主张该23%的股权是崔某父母无偿转让给子女的，其性质应认定为赠与，但崔某在原审中并未提交证据证明其与父母当时签订有赠与合同，当然也就不可能证明该赠与确定只归其一方所有。故原审认定该23%股权属于夫妻共同财产并无不当。崔某上诉主张该23%的股权系其个人财产缺乏事实依据，本院不予采信。据此，法院最终判决驳回上诉，维持原判。

第一千零六十三条　下列财产为夫妻一方的个人财产：

（一）一方的婚前财产；

（二）一方因受到人身损害获得的赔偿或者补偿；

（三）遗嘱或者赠与合同中确定只归一方的财产；

（四）一方专用的生活用品；

（五）其他应当归一方的财产。

❖ 条文主旨 ❖

本条是关于夫妻个人财产的规定。

❖ 条文解读 ❖

所谓夫妻个人财产，又称夫妻特有财产、夫妻保留财产，是指夫妻在实行共同财产制的同时，依照法律规定或者夫妻约定，夫妻各自保留的一定范围的个人所有财产。根据产生的原因不同，个人财产可分为法定的个人财产和约定的个人财产。法定的个人财产，是指依照法律规定所确认的夫妻双方各自保留的个人财产，本条即属于法定个人财产的规定。

个人财产是夫妻在婚姻关系存续期间分别保留的独立于夫妻共同财产之外的财产，夫妻双方对各自的个人财产，享有独立的管理、使用、收益和处分权利，他人不得干涉。夫妻可以约定将各自的个人财产交由一方管理；夫妻一方也可以将自己的个人财产委托对方代为管理。对家庭生活费用的负担，在夫妻共同财产不足以负担家庭生活费用时，夫妻应当以各自的个人财产分担。

规定夫妻个人财产的意义在于，它弥补了共同财产制对个人权利和意愿关注不够的缺陷，防止共同财产范围的无限延伸，有利于保护个人财产权利。关于我国夫妻个人财产的范围，本条作了列举式的规定，下面逐一进行介绍。

1. 一方的婚前财产。婚前财产是指夫妻在结婚之前各自所有的财产，包括婚前个人劳动所得财产、继承或者受赠的财产以及其他合法财产。婚前财产归各自所有，不属于夫妻共同财产。

2. 一方因受到人身损害获得的赔偿或者补偿。这些财产是指与生命健康直接相关的财产，具有人身专属性，对于保护个人权利具有重要意义，因此，应当专属于个人所有，而不能成为共同财产。这样有利于维护受害人的合法权益，保证受害人的身体康复和生活需要。

3. 遗嘱或者赠与合同中确定只归一方的财产。根据本法第 1062 条第 4 项的规定，因继承或者受赠的财产，属于夫妻共同财产。但为了尊重遗嘱人或者赠与人的个人意愿，保护个人对其财产的自由处分权，如果遗嘱人或者赠与人在遗嘱或者赠与合同中明确指出，该财产只遗赠或者赠与夫妻一方，另一方无权享用，那么，该财产就属于夫妻个人财产，归一方个人所有。这样规定的另一个意义在于，防止夫妻另一方滥用遗产或者受赠的财产，如妻子的朋友赠送一笔钱资助孩子上学，而丈夫有酗酒恶习，如果这笔钱属于夫妻共同财产，丈夫就有可能利用它买酒，在这种情况下，赠与人可以在赠与时确定这笔现金只赠送给妻子，属于妻子个人所有，丈夫就无权将其用来酗酒了。

4. 一方专用的生活用品。一方专用的生活用品具有专属于个人使用的特点，如个人的衣服、鞋帽等，应当属于夫妻个人财产。我国司法实践中，在处理离婚财产分割时，一般也将个人专用的生活物品，作为个人财产处理。在编纂民法典过程中，有一种意见认为，用夫妻共同财产购买的且价值较大的生活用品，如贵重的首饰等，即使为一方专用，也应当属于夫妻共同财产。这一意见未被采纳。价值较大的生活用品，因其具有个人专用性，仍应当归个人所有，这也符合夫妻双方购买该物时的意愿。况且，夫妻对共同财产有平等的处理权，多数情况下，夫妻双方都有价值较大的生活用品。当然，不同经济状况的家庭，“价值较大”的含义不同。

5. 其他应当归一方的财产。这项规定属于概括性规定。夫妻个人财产除前四项的规定外，还包括其他一些财产和财产权利。随着社会经济的发展、新的财产类型的出现以及个人独立意识的增强，夫妻个人财产的范围也将有所增加。

第一千零六十四条　夫妻双方共同签名或者夫妻一方事后追认等共同意思表示所负的债务，以及夫妻一方在婚姻关系存续期间以个人名义为家庭日常生活需要所负的债务，属于夫妻共同债务。

夫妻一方在婚姻关系存续期间以个人名义超出家庭日常生活需要所负的债务，不属于夫妻共同债务；但是，债权人能够证明该债务用于夫妻共同生活、共同生产经营或者基于夫妻双方共同意思表示的除外。

❖ 条文主旨 ❖

本条是关于夫妻共同债务的规定。

❖ 条文解读 ❖

夫妻共同债务问题，事关夫妻双方特别是未举债一方和债权人合法权益的保护，事关婚姻家庭稳定和市场交易安全的维护，可以说是民法典编纂过程中各方面较为关注，争议也较大的问题。

本条分两款，规定了三类比较重要的夫妻共同债务，即基于共同意思表示所负的夫妻共同债务、为家庭日常生活需要所负的夫妻共同债务、债权人能够证明的夫妻共同债务。

一、基于共同意思表示所负的夫妻共同债务

本条第1款明确规定，“夫妻双方共同签名或者夫妻一方事后追认等共同意思表示所负的债务”，属于夫妻共同债务。这就是俗称的“共债共签”“共签共债”。多个民事主体等基于共同签字等共同意思表示所形成的债务属于共同债务，这不存在任何争议，本条规定对这一内容加以强调意在引导债权人在形成债务尤其是大额债务时，为避免事后引发不必要的纷争，加强事前风险防范，尽可能要求夫妻共同签名。这种制度安排，一方面，有利于保障夫妻另一方的知情权和同意权，可以从债务形成源头上尽可能杜绝夫妻一方“被负债”现象发生；另一方面，也可以有效避免债权人因事后无法举证证明债务属于夫妻共同债务而遭受不必要的损失，对于保障交易安全和夫妻一方合法权益，具有积极意义。实践中，很多商业银行在办理贷款业务时，对已婚者一般都要求夫妻双方共同到场签名。一方确有特殊原因无法亲自到场，也必须提交经过公证的授权委托书，否则不予贷款，这种操作方式最大限度地降低了债务不能清偿的风险，保障了债权人的合法权益，也不会造成对夫妻一方权益的损害。

虽然要求夫妻“共债共签”可能会使交易效率受到一定影响，但在债权债务关系形成，增加一定交易成本和夫妻一方的知情权、同意权产生冲突时，因夫妻一方的知情权、同意权，关系到地位平等、意思自治等基本法律原则和公民基本财产权利、人格权利，故应优先考虑。事实上，适当增加交易成本不仅有利于保障交易安全，还可以减少事后纷争，从根本上提高交易效率。

二、为家庭日常生活需要所负的夫妻共同债务

本条第1款规定，“夫妻一方在婚姻关系存续期间以个人名义为家庭日常生活需要所负的债务”，属于夫妻共同债务。也就是基于夫妻日常家事代理权所生的债务属于夫妻共同债务。

夫妻日常家事代理权，是指夫妻一方因家庭日常生活需要而与第三方为一定民事法律行为时互为代理的权利。夫妻一方在日常家庭事务范围内，与第三方所实施的一定民事法律行为，视为依夫妻双方的意思表示所为的民事法律行为，另一方也应承担因此而产生的法律后果。本法第1060条明确规定：“夫妻一方因家庭日常生活需要而实施的民事法律行为，对夫妻双方发生效力，但是夫妻一方与相对人另有约定的除外。夫妻之间对一方可以实施的民事法律行为范围的限制，不得对抗善意相对人。”根据这一规定，夫妻任何一方行使夫妻日常家事代理权所实施的民事法律行为，对夫妻双方都发生效力，即该民事法律行为所产生的法律效果归属于夫妻双方。夫妻任何一方基于夫妻日常家事代理权所实施的民事法律行为所设立、变更、终止民事法律关系的一切结果都归属于夫妻双方，取得的权利由夫妻双方共同享有，产生的义务包括债务也由夫妻双方共同承担。当然，如果夫妻一方在行使夫妻日常家事代理权的同时，与相对人就该民事法律行为另有约定的，则法律效力依照该约定。

本条第1款规定“夫妻一方在婚姻关系存续期间以个人名义为家庭日常生活需要所负的债务”属于夫妻共同债务，实际上已经包括在本法第1060条规定的内容之中，这里是再次加以强调。如何认定为家庭日常生活需要等，可以参考前述条文的释义，这里不再赘述。

三、债权人能够证明的夫妻共同债务

本条第2款规定，夫妻一方在婚姻关系存续期间以个人名

义超出家庭日常生活需要所负的债务，不属于夫妻共同债务；但是，债权人能够证明该债务用于夫妻共同生活、共同生产经营或者基于夫妻双方共同意思表示的除外。这一类夫妻共同债务情形最为复杂，实践中如何认定争议最大。

夫妻双方共同签名或者夫妻一方事后追认等共同意思表示所负的债务，以及夫妻一方在婚姻关系存续期间以个人名义为家庭日常生活需要所负的债务，属于夫妻共同债务。那如果不是基于夫妻共同意思表示、夫妻一方以个人名义所负的超出家庭日常生活需要所负的债务，是否就不属于夫妻共同债务呢？根据本条第 2 款规定，如果债权人能够证明该债务用于夫妻共同生活、共同生产经营的，那该债务也属于夫妻共同债务。

用于夫妻共同生活、共同生活经营的债务属于夫妻共同债务，这个争议不大，主要问题在于怎么认定，即由谁来举证证明。

随着我国经济社会的发展，城乡居民家庭财产结构、类型、数量、形态以及理财模式等发生了很大变化，人们的生活水平不断提高，生活消费日趋多元，很多夫妻的共同生活支出不再局限于以前传统的家庭日常生活消费开支，还包括大量超出家庭日常生活范围的支出。这些支出系夫妻双方共同消费支配，或者用于形成夫妻共同财产，或者基于夫妻共同利益管理共同财产产生的支出，性质上均属于夫妻共同生活的范围。夫妻共同生活包括但不限于家庭日常生活，本条第 2 款所指的需要债权人举证证明的夫妻共同生活的范围，指的就是超出家庭日常生活需要的部分。

夫妻共同生产经营的情形非常复杂，主要是指由夫妻双方共同决定生产经营事项，或者虽由一方决定但另一方进行了授权的情形。判断生产经营活动是否属于夫妻共同生产经营，要根据经营活动的性质以及夫妻双方在其中的地位作用等综合认定。夫妻共同生产经营所负的债务一般包括双方共同从事工商业、共同投资以及购买生产资料等所负的债务。

夫妻一方在婚姻关系存续期间以个人名义超出家庭日常生活需要所负的债务，如果债权人能够证明该债务用于夫妻共同生活、共同生产经营或者基于夫妻双方共同意思表示的，就属于夫妻共同债务，否则，不属于夫妻共同债务，应当属于举债一方的个人债务。这里强调债权人的举证证明责任，能够促进债权人尽到谨慎注意义务，引导相关主体对于大额债权债务实行“共债共签”，体现从源头控制纠纷、更加注重交易安全的价值取向，也有利于强化公众的市场风险意识，从而平衡保护债权人和未举债夫妻一方的利益。

要注意的是，本条只规定了三类比较重要的夫妻共同债务，但在实践中还存在依据法律规定产生的其他种类的夫妻共同债务。比如，本法第 1168 条规定：“二人以上共同实施侵权行为，造成他人损害的，应当承担连带责任。”因此，夫妻因共同侵权所负的债务也属于夫妻共同债务。本法第 1188 条第 1 款规定：“无民事行为能力人、限制民事行为能力人造成他人损害的，由监护人承担侵权责任……”因此，夫妻因被监护人侵权所负的债务，也属于夫妻共同债务。

❖ 案例分析 ❖

原告王某诉被告曲某、刘某买卖合同纠纷一案中，原告王某诉称，原、被告系朋友关系，二被告系夫妻关系，二被告于 2019 年底欠原告业务往来买卖布匹款 47400 元，于 2020 年先后分三次给付原告共计 8500 元，余款 38900 元至今未付。现诉至法院，请求法院判令二被告偿还货款 38900 元。二被告未到庭答辩。

法院认为，依法成立的合同，受法律保护。依照有关法律规定，二被告应给付原告尚欠的货款 38900 元。同时，根据有关法律规定，夫妻一方在婚姻关系存续期间以个人名义超出家庭日常生活需要所负的债务，债权人以属于夫妻共同债务为由主张权利的，人民法院不予支持，但债权人能够证明该债务用于夫妻共同生活、共同生产经营或者基于夫妻双方共同意思表示的除外。本案中的欠条系被告曲某书写，原告提供的送货单中亦有被告刘某的名字，故本院认定本案欠款应属于二被告的夫妻共同债务。据此，法院判决被告曲某、刘某于本判决生效后10日内给付原告王某货款38900元。

第一千零六十五条　男女双方可以约定婚姻关系存续期间所得的财产以及婚前财产归各自所有、共同所有或者部分各自所有、部分共同所有。约定应当采用书面形式。没有约定或者约定不明确的，适用本法第一千零六十二条、第一千零六十三条的规定。

夫妻对婚姻关系存续期间所得的财产以及婚前财产的约定，对双方具有法律约束力。

夫妻对婚姻关系存续期间所得的财产约定归各自所有，夫或者妻一方对外所负的债务，相对人知道该约定的，以夫或者妻一方的个人财产清偿。

❖ 条文主旨 ❖

本条是关于夫妻约定财产制的规定。

❖ 条文解读 ❖

所谓约定财产制，是指法律允许夫妻用协议的方式，对夫妻在婚前和婚姻关系存续期间所得财产的所有权的归属、管理、使用、收益、处分以及对第三人债务的清偿、婚姻解除时财产的分割等事项作出约定，从而排除或者部分排除夫妻法定财产制适用的制度。约定财产制是相对于法定财产制而言的，它是夫妻以契约的方式依法选择适用的财产制，而法定财产制是依照法律直接规定而适用的财产制。约定财产制是法律对婚姻关系双方当事人就双方之间的财产关系进行约定的意思自治的尊重，约定财产制具有优先于法定财产制适用的效力，只有在当事人未就夫妻财产作出约定，或者所作约定不明确，或者所作约定无效时，才适用夫妻法定财产制。

约定财产制与法定财产制相比较而言，其灵活性更强，更能适应复杂多样的夫妻财产关系，更能适应现代社会丰富多样的生活方式，也更能体现当事人的真实意愿和个性化的需要。目前世界大多数国家和地区都在法律中明文规定，夫妻双方可以在婚前或者婚姻关系存续期间，约定采用某种财产制来支配他们之间的财产关系。

根据本条的规定，我国夫妻约定财产制的内容主要包括以下几个方面：

一、约定的条件

夫妻对财产关系进行约定是一种双方民事法律行为，它不仅要符合民事法律行为的一般要件，还要符合婚姻法的有关规定，因为该约定是基于配偶这一特殊身份发生的。夫妻对财产关系的约定需要符合下列要件：（1）缔约双方必须具有合法的夫妻身份，未婚同居、婚外同居者对他们之间财产关系的约定，不属于夫妻财产约定。（2）缔约双方必须具有完全民事行为能力。（3）约定必须双方自愿。夫妻对财产的约定必须出于真实的意思表示，以欺诈、胁迫等手段使对方在违背真实意思的情况下作出的约定，对方有权请求撤销。（4）约定的内容必须合法，不得违反法律、行政性法规的强制性规定，不得违背公序良俗，不得利用约定恶意串通、损害他人合法权益，约定的内容不得超出夫妻财产的范围，如不得将其他家庭成员的财产列入约定财产的范围，不得利用约定逃避对第三人的债务以及其他法定义务。

二、约定的方式

关于约定的方式，本条第1款明确规定“约定应当采用书面形式”。这样规定的目的，在于更好地维护夫妻双方的合法权益以及第三人的利益，维护交易安全，避免发生纠纷。当然如果夫妻以口头形式作出约定，事后对约定没有争议的，该约定也有效。夫妻以书面形式对其财产作出约定后，可以进行公证。

三、约定的时间

本条对约定的时间未作规定。根据我国的实际情况，对约定的时间不必作更多的限制。约定可以在婚前进行也可以在婚后进行。约定生效后，因夫妻一方或者双方的情况发生，只要双方合意，也可以随时变更或者撤销原约定。

四、约定的内容

关于约定的内容，本条第1款规定“男女双方可以约定婚姻关系存续期间所得的财产以及婚前财产归各自所有、共同所有或部分各自所有、部分共同所有”。这一规定的范围是比较宽的，根据这一规定，夫妻既可以对婚姻关系存续期间所得的财产进行约定，也可以对婚前财产进行约定；既可以对全部夫妻财产进行约定，也可以对部分夫妻财产进行约定；既可以概括地约定采用某种夫妻财产制，也可以具体地对某一项夫妻财产进行约定；既可以约定财产所有权的归属或者使用权、管理权、收益权①、处分权②的行使，也可以约定家庭生活费用的

---

① 收益权：指获取基于所有者财产而产生的经济利益的可能性，是人们因获取追加财产而产生的权利义务关系。

② 处分权：财产所有人对其财产在法律规定的范围内最终处理的权利，即决定财产在事实上或法律上命运的权利。包括资产的转让、消费、出售、封存处理等方面的权利。

负担、债务清偿责任、婚姻关系终止时财产的分割等事项。关于当事人可以约定采用哪种夫妻财产制，本条未作规定，即没有对当事人可以选择的财产制进行限制。

五、约定的效力

约定的效力，分为优先效力、对内效力和对外效力。

1. 关于优先效力。约定财产制的优先效力，是指约定财产制的效力优先于法定财产制。本条第1款规定："……没有约定或者约定不明确的，适用本法第一千零六十二条、第一千零六十三条的规定。"根据这一规定，约定财产制具有优先于法定财产制适用的效力，只有在当事人未就夫妻财产作出约定，或者所作约定不明确，或者所作约定无效时，才适用夫妻法定财产制。

2. 关于对内效力。约定财产制的对内效力，是指夫妻财产约定对婚姻关系当事人的效力。本条第2款规定："夫妻对婚姻关系存续期间所得的财产以及婚前财产的约定，对双方具有法律约束力。"夫妻对财产关系的约定，对双方具有法律约束力，双方按照约定享有财产所有权以及管理权等其他权利，并承担相应的义务。

3. 关于对外效力。约定财产制的对外效力，是指夫妻财产约定对婚姻关系当事人以外的第三人即相对人的效力。主要考虑的是在夫妻对财产进行约定，保护夫妻财产权的同时，要保障相对人的利益，维护交易安全。夫妻之间对财产关系的约定，如何对相对人产生效力？如前所述，目前我国没有建立夫妻财产登记制度，为了保障相对人的利益不因夫妻财产约定而受到损害，本条第3款规定："夫妻对婚姻关系存续期间所得的财产约定归各自所有，夫或者妻一方对外所负的债务，相对人知道该约定的，以夫或者妻一方的个人财产清偿。"

这一规定以"相对人知道该约定"为条件，即在相对人与夫妻一方发生债权债务关系时，如果相对人知道其夫妻财产已经约定归各自所有的，就以其一方的财产清偿；相对人不知道该约定的，该约定对相对人不生效力，夫妻一方对相对人所负的债务，按照在夫妻共同财产制下的清偿原则进行偿还。关于相对人如何知道该约定，既可以是夫妻一方或双方告知，也可以为相对人曾经是夫妻财产约定时的见证人或者知情人。如何判断相对人是否知道该约定，夫妻一方或者双方负有举证责任，夫妻应当证明在发生债权债务关系时，相对人确已知道该约定。本款中的“夫或者妻一方对外所负的债务”，是指夫妻一方以自己的名义与相对人之间产生的债务，至于是为夫妻共同生活所负的债务，还是个人债务，在所不问，即无论是为子女教育所负的债务，或者个人从事经营所负的债务，还是擅自资助个人亲友所负的债务，都适用本款的规定。

第一千零六十六条　婚姻关系存续期间，有下列情形之一的，夫妻一方可以向人民法院请求分割共同财产：

（一）一方有隐藏、转移、变卖、毁损、挥霍夫妻共同财产或者伪造夫妻共同债务等严重损害夫妻共同财产利益的行为；

（二）一方负有法定扶养义务的人患重大疾病需要医治，另一方不同意支付相关医疗费用。

❖ 条文主旨 ❖

本条是关于婚姻关系存续期间分割夫妻共同财产的规定。

❖ 条文解读 ❖

民法典婚姻家庭编实行的是以法定财产制为主、约定财产制为辅的夫妻财产制度。约定财产制具有优先于法定财产制适用的效力。夫妻双方根据实际情况，可以在婚前或者婚姻存续任意时间约定婚姻关系存续期间所得的财产以及婚前财产归各自所有、共同所有或者部分各自所有、部分共同所有。只要双方合意，也可以随时变更或者撤销原约定。如果夫妻双方未就夫妻财产作出约定，或者所作约定不明确，或者所作约定无效时，就适用夫妻法定财产制。在夫妻法定财产制下，夫妻双方对于夫妻共同财产享有共同所有权，即对夫妻共同财产不分份额地共同享有权利并承担义务。

夫妻共同财产制有利于保障夫妻中经济能力较弱一方的权益，有利于实现真正的夫妻地位平等，符合我国文化传统和当前绝大多数人对夫妻财产制的要求，有利于维系更加平等、和睦的家庭关系。但在现实生活中，存在一些夫妻一方通过各种手段侵害另一方的共有财产权益的情况，这时，如果夫妻双方离婚，进而分割共同财产，彻底解决问题，当然是最好的。可由于种种原因，夫妻双方或者一方不愿意离婚，只是要求人民法院解决财产问题，此时应如何处理，是否允许夫妻分割共同财产，是这次编纂民法典婚姻家庭编中的一个争议较大的问题。

根据本条规定，婚姻关系存续期间，夫妻双方一般不得请求分割共同财产，只有在法定情形下，夫妻一方才可以向人民法院请求分割共同财产，法定情形有两项：

一种情形是一方有隐藏、转移、变卖、毁损、挥霍夫妻共同财产或者伪造夫妻共同债务等严重损害夫妻共同财产利益的行为。

夫妻共同财产主要指夫妻双方在婚姻关系存续期间所得的财产，根据本法第 1062 条的规定，夫妻共同财产包括工资、奖金和劳务报酬；生产、经营、投资的收益；知识产权的收益；继承或者受赠的财产，但是遗嘱或者赠与合同中确定只归一方的财产的除外；其他应当归共同所有的财产。夫妻共同财产从性质上说，属于共同共有。夫妻在婚姻关系存续期间，无论属于双方或者一方的收入，无论各自收入的数量多少，也无论其中一方有无收入，夫妻作为共同生活的伴侣，对共同财产享有平等的所有权。对共同财产，夫妻双方均有依法占有、使用、收益和处分的权利。本法第 1062 条就明确规定，夫妻对共同财产，有平等的处理权。夫妻在处分共同财产时，应当平等协商，取得一致意见，任何一方不得违背他方的意志，擅自处理。特别是对共有财产作较大的变动时，如出卖、赠与等，更应征得他方的同意，否则就侵犯了另一方对共有财产的所有权。实践中，比较典型的就是夫妻一方隐藏、转移、变卖、毁损、挥霍夫妻共同财产或者伪造夫妻共同债务等行为，这些都属于严重损害了夫妻共同财产利益的行为。隐藏，是指将财产藏匿起来，不让他人发现，使另一方无法获知财产的所在从而无法控制。转移，是指私自将财产移往他处，或者将资金取出移往其他账户，脱离另一方的掌握。变卖，是指将财产折价卖给他人。毁损，是指采用打碎、拆卸、涂抹等破坏性手段使物品失去原貌，失去或者部分失去原来具有的使用价值和价值。挥霍，是指超出合理范围任意处置、浪费夫妻共同财产。伪造夫妻共同债务，是指制造内容虚假的债务凭证，包括合同、欠条等，意图侵占另一方财产。上述违法行为，在主观上只能是故意，不包括过失行为，如因不慎将某些共同财产毁坏，只要没有故意，不属于本条规定之列。

另一种情形是一方负有法定扶养义务的人患重大疾病需要医治，另一方不同意支付相关医疗费用。

这里所指的扶养是广义上的扶养，即一定范围的亲属之间互相供养和扶助的法律关系。广义的扶养包括抚养、赡养和狭义的扶养。抚养是就长辈对晚辈而言，主要指父母对未成年子女，祖父母对孙子女，外祖父母对外孙子女的供养；赡养是就晚辈对长辈而言，主要指子女对父母，孙子女对祖父母、外孙子女对外祖父母的供养；扶养是就平辈而言，主要是夫妻之间和兄弟姐妹之间的供养。

扶养还可以分为法定扶养、协议扶养和遗嘱扶养。法定扶养是指基于法律强制性规定的扶养；协议扶养是指基于合同而产生的扶养；遗嘱扶养是指基于遗嘱产生的扶养。本条规定明确仅指法定扶养。本法对法定扶养义务作了明确规定。第1059条规定："夫妻有相互扶养的义务。需要扶养的一方，在另一方不履行扶养义务时，有要求其给付扶养费的权利。"第1067条规定："父母不履行抚养义务的，未成年子女或者不能独立生活的成年子女，有要求父母给付抚养费的权利。成年子女不履行赡养义务的，缺乏劳动能力或者生活困难的父母，有要求成年子女给付赡养费的权利。"第1071条第2款规定："不直接抚养非婚生子女的生父或者生母，应当负担未成年子女或者不能独立生活的成年子女的抚养费。"第1072条第2款规定："继父或者继母和受其抚养教育的继子女间的权利义务关系，适用本法关于父母子女关系的规定。"第1074条规定："有负担能力的祖父母、外祖父母，对于父母已经死亡或者父母无力抚养的未成年孙子女、外孙子女，有抚养的义务。有负担能力的孙子女、外孙子女，对于子女已经死亡或者子女无力赡养的祖父母、外祖父母，有赡养的义务。"第1075条规定："有负担能力的兄、姐，对于父母已经死亡或者父母无力抚养的未成年弟、妹，有扶养的义务。由兄、姐扶养长大的有负担能力的弟、妹，对于缺乏劳动能力又缺乏生活来源的兄、姐，有扶养的义务。"应当根据这些法律规定来确定夫妻一方是否负有法定扶养义务。

关于“重大疾病”，本条没有作出明确界定，疾病是否认定为重大，在司法实践中应当参照医学上的认定，借鉴保险行业中对重大疾病的划定范围，一般认为，某些需要长期治疗、花费较高的疾病，如糖尿病、肿瘤、脊髓灰质炎等，或者直接涉及生命安全的疾病属于重大疾病。“相关医疗费用”主要指为治疗疾病需要的必要、合理费用，不应包括营养、陪护等费用。

夫妻一方负有法定扶养义务的人患有重大疾病需要医治，如果另一方不同意支付相关医疗费用的，一方可以请求人民法院分割夫妻共同财产。

第二节　父母子女关系和其他近亲属关系

第一千零六十七条　父母不履行抚养义务的，未成年子女或者不能独立生活的成年子女，有要求父母给付抚养费的权利。

成年子女不履行赡养义务的，缺乏劳动能力或者生活困难的父母，有要求成年子女给付赡养费的权利。

❖ 条文主旨 ❖

本条是关于父母与子女之间抚养和赡养义务的规定。

❖ 条文解读 ❖

父母对未成年子女的抚养、教育和保护义务，主要包括进行生活上的照料，保障未成年人接受义务教育，以适当的方式、方法管理和教育未成年人，保护未成年人的人身、财产不受到侵害，促进未成年人的身心健康发展等。成年子女对父母的赡养、扶助和保护义务，主要包括子女对丧失劳动能力或者生活困难的父母，要进行生活上的照料和经济上的供养，从精神上慰藉父母，保护父母的人身、财产权益不受侵害。

本法总则编第 26 条是对父母子女之间法律义务的一般性规定。民法典婚姻家庭编以及未成年人保护法、老年人权益保障法等对此作出了更为具体的规定。本条规定就是对第 26 条中有关父母与子女之间抚养和赡养义务的细化规定。

一、父母对子女的抚养义务

抚养子女既是父母应尽的义务，也是子女应享有的权利。抚养是指父母抚育子女的成长，并为他们的生活、学习提供一定的物质条件。宪法第 49 条就明确规定，父母有抚养教育未成年子女的义务。父母对未成年子女的抚养是无条件的，在任何情况下都不能免除；即使父母已经离婚，对未成年的子女仍应依法履行抚养的义务。父母对成年子女的抚养是有条件的，在成年子女没有劳动能力或者出于某种原因不能独立生活时，父母也要根据需要和可能，负担其生活费用或者给予一定的帮助。对有独立生活能力的成年子女，父母自愿给予经济帮助，法律并不干预。

既是法定义务，父母作为义务人就应当积极主动履行此项义务。但实践中由于种种原因有的父母没有履行抚养义务，基于此，本条第 1 款明确规定："父母不履行抚养义务的，未成年子女或者不能独立生活的成年子女，有要求父母给付抚养费的权利。"因父母不履行抚养义务而引起的纠纷，可由有关部门调解或者向人民法院提出追索抚养费的诉讼。人民法院应根据子女的需要和父母的抚养能力，通过调解或者判决，确定抚养费的数额、给付的期限和方法。对拒不履行抚养义务，恶意遗弃未成年子女已构成犯罪的，还应当根据我国刑法的有关规定追究其刑事责任。

二、子女对父母的赡养义务

父母对子女有抚养的义务，同时子女对父母也有赡养的义务。赡养，是指子女在物质上和经济上为父母提供必要的生活条件。父母抚养教育了子女，也为社会创造了财富，为民族培养了后代，他们理应得到社会和家庭的尊敬和照顾。根据宪法第45条规定，中华人民共和国公民在年老的情况下，有从国家和社会获得物质帮助的权利。根据该规定，老年职工可以按照国家的规定领取退休金，没有亲属供养的老人可以享受国家和集体提供的福利。老年人权益保障法第4条第2款规定，国家和社会应当采取措施，健全保障老年人权益的各项制度，逐步改善保障老年人生活、健康、安全以及参与社会发展的条件，实现老有所养、老有所医、老有所为、老有所学、老有所乐。老年人有从国家和社会获得物质帮助的权利。但是，在我国发展的现阶段，赡养老人还是家庭的一项重要职能。国家和社会对老年人的物质帮助，还不能完全取代家庭在这方面的作用。子女对父母履行赡养扶助义务，是对家庭和社会应尽的责任。宪法第49条中明确规定，成年子女有赡养扶助父母的义务。老年人权益保障法第13条进一步规定，老年人养老以居家为基础，家庭成员应当尊重、关心和照料老年人。子女作为赡养人，应当履行对老年人经济上供养、生活上照料和精神上慰藉的义务，照顾老年人的特殊需要。儿子和女儿都有义务赡养父母，已婚妇女也有赡养其父母的义务和权利。

一切有经济能力的子女，对丧失劳动能力，无法维持生活的父母，都应予以赡养。对不在一起生活的父母，应根据父母的实际生活需要和子女的负担能力，给付一定的赡养费用。赡养费用一般不低于子女本人或者当地的普通生活水平，有两个以上子女的，可依据不同的经济条件，共同负担赡养费用。经济条件较好的子女应当自觉、主动地承担较大的责任。赡养人之间也可以就履行赡养义务签订协议，但不得违反法律的规定和老年人的意愿。基层群众性自治组织、老年人组织或者赡养人所在单位监督协议的履行。

如果子女不履行赡养义务，需要赡养的父母可以通过有关部门进行调解或者向人民法院提起诉讼。人民法院在处理赡养纠纷时，应当坚持保护老年人的合法权益的原则，通过调解或者判决使子女依法履行赡养义务。本条第 2 款就专门对赡养费作出规定："成年子女不履行赡养义务的，缺乏劳动能力或者生活困难的父母，有要求成年子女给付赡养费的权利。"对负有赡养义务而拒绝赡养，情节恶劣构成遗弃罪的，还应当承担刑事责任。

适用本条时，应当注意本条适用于婚生父母子女之间、非婚生父母子女之间、构成抚养教育关系的继父母子女之间和养父母子女之间的关系。

❖ 案例分析 ❖

原告袁甲因与被告袁乙赡养费纠纷一案，向人民法院提出诉讼请求：（1）请求判令被告支付原告赡养费人民币 50000 元（200000 元的四分之一，暂从 2015 年到 2025 年），另外，大病花费另行承担四分之一份额；（2）请求判令被告承担本案全部诉讼费用。袁乙辩称：（1）通过庭前袁甲与袁乙谈话，袁甲明示没有起诉袁乙，可以证实本次诉讼非袁甲真实意思表示，本案涉嫌虚假诉讼，请法庭查明。（2）袁乙从没放弃赡养袁甲的义务，但赡养关系的成立必须满足两个条件：一是被赡养人有被赡养需要，只有无独立谋生能力与生活来源的人才能要求他人赡养；二赡养人必须要有相应的赡养能力，袁甲在 2019 年 1 月 3 日，领取了属于其本人及已经去世的妻子的土地征收补偿款 196600 元，故袁甲没有被赡养的需要。

法院认为，子女对父母有赡养扶助的义务，子女不履行赡养义务时，无劳动能力的或生活困难的父母，有要求子女给付赡养费的权利。本案中，原告袁甲年事已高，无劳动能力，现要求小儿子袁乙承担相应赡养费用符合法律规定，被告袁乙兄妹五人，袁乙应承担五分之一的赡养费份额。原告袁甲已经80多岁高龄，其要求被告一次性支付10年赡养费用，不合常理，本院酌定赡养费一年一付。故对原告袁甲合理部分诉讼请求，本院予以支持。依照有关法律规定，判决如下：一、被告袁乙每年支付原告袁甲赡养费2909.2元，2020年12月31日前一次性支付第一年赡养费用2909.2元，以后每年12月31日前一次性支付当年赡养费用2909.2元。二、驳回原告袁甲的其他诉讼请求。

第一千零六十八条　父母有教育、保护未成年子女的权利和义务。未成年子女造成他人损害的，父母应当依法承担民事责任。

❖ 条文主旨 ❖

本条是关于父母教育、保护未成年子女的权利和义务的规定。

❖ 条文解读 ❖

本法总则编第26条规定："父母对未成年子女负有抚养、教育和保护的义务。成年子女对父母负有赡养、扶助和保护的义务。"对未成年子女的教育和保护是父母的重要职责。

所谓教育，是指父母要按照法律和道德要求，采取正确的方法，对其未成年子女进行教导，并对其行为进行必要的约束，其目的是保障未成年子女的身心健康。未成年子女是未满18周岁的人，不论在生理上还是在心理上，都处在未完全成熟时期，他们的人生观、世界观也尚未完全形成，辨别是非的能力和控制自己行为的能力都很弱。在这个时期，他们极易接受外界的不良影响，养成不良习惯，实施不良行为。因此，父母应当加强对其未成年子女的教育，提高他们的心理素质，培养他们的良好品行，增强他们辨别是非的能力，保证他们的心理健康。对未成年子女的管教，应当从小抓起。儿童时期正是开始学知识、长见识的时期，也正是思想活跃，但是非观念模糊的时期，容易接受好的东西，也容易接受坏的东西。从这个时期开始对未成年子女进行理想、道德、法治、爱国主义、集体主义、社会主义教育，这样就可以用好的、美的、正确的思想观念，去充实他们的内心世界，保障他们身心健康地成长。当前，在社会上仍然存在不少妨害未成年人勤学向上、健康成长的消极因素。如一些企业和场所违法经营，渲染暴力、淫秽、色情内容的非法出版物屡禁不止，吸毒、卖淫等社会丑恶现象沉渣泛起等。这些丑恶社会现象，不仅严重地污染了社会风气，危害了未成年人的心理健康，也为未成年人误入歧途，走上犯罪道路，提供了不良土壤。父母应当就不良行为的性质、范围、危害等对未成年子女进行专门教育，使其树立防范意识；对于已有不良行为的未成年子女，则应当加强教育约束，制止和纠正其不良行为。对未成年子女的管教应当尊重其人格尊严，根据适应未成年人身心发展的特点，通过多种形式进行教育和管束。虽然在管教过程中，父母可以对未成年子女使用适当的惩戒手段，但不得对其使用暴力或以其他形式进行虐待。

父母对子女有教育义务。教育子女是家庭的一项重要职能，家庭教育对子女的成长有很大的影响。父母子女间的亲密关系，为教育子女提供了有利的条件。因此，教育好子女是父母双方在法律上应尽的义务，也是社会道德的必然要求。那种对子女只抚养不教育，或者只顾眼前利益让子女“弃学务农”

"弃学从商"的做法，是不符合民法典婚姻家庭编的精神的，同时也是违反义务教育法和未成年人保护法等法律规定的，应当承担相应的法律责任。

所谓保护，是指父母应当保护其未成年子女的人身安全和合法权益，预防和排除来自外界的危害，使其未成年子女的身心处于安全状态。本法总则编第 34 条第 1 款规定："监护人的职责是代理被监护人实施民事法律行为，保护被监护人的人身权利、财产权利以及其他合法权益等。"根据该规定，父母对其未成年子女的保护主要包括人身保护和财产保护。对未成年子女的人身保护主要包括：照顾未成年子女的生活，保护其身体健康；保护未成年子女的人身不受侵害；为未成年子女提供住所等。对未成年子女的财产保护主要指为未成年子女的利益，管理和保护其财产权益，除为未成年子女的利益外，不得处理属于该未成年子女的财产。如果父母未履行监护职责或者侵害未成年子女合法权益，造成未成年子女损失的，应当赔偿损失。父母对未成年子女的保护还体现在，父母代理其未成年子女实施民事法律行为。当未成年子女的权益受到侵害时，其父母有权以法定代理人身份提起诉讼，维护未成年子女的合法权益。

需要注意的是，父母作为未成年子女的法定代理人和监护人，其对未成年子女的教育和保护既是权利又是义务，本法总则编第 34 条第 2 款就明确规定："监护人依法履行监护职责产生的权利，受法律保护。"

本条还明确规定："未成年子女造成他人损害的，父母应当依法承担民事责任。"这是为了充分保护受害一方的合法权益，增强父母对其未成年子女教育的责任感。至于承担民事责任的条件、方法等，应当适用相关法律规定。本法侵权责任编第 1188 条对此作了明确规定："无民事行为能力人、限制民事行为能力人造成他人损害的，由监护人承担侵权责任。监护人尽到监护职责的，可以减轻其侵权责任。有财产的无民事行为能力人、限制民事行为能力人造成他人损害的，从本人财产中支付赔偿费用；不足部分，由监护人赔偿。”第 1189 条规定：“无民事行为能力人、限制民事行为能力人造成他人损害，监护人将监护职责委托给他人的，监护人应当承担侵权责任；受托人有过错的，承担相应的责任。”

第一千零六十九条　子女应当尊重父母的婚姻权利，不得干涉父母离婚、再婚以及婚后的生活。子女对父母的赡养义务，不因父母的婚姻关系变化而终止。

❖ 条文主旨 ❖

本条是关于保障老年人婚姻权利的规定。

❖ 条文解读 ❖

本法第 1041 条规定的“婚姻自由”是我国婚姻家庭制度中的首要内容。婚姻自由既包含了年轻人的婚姻自由，自然也包括老年人的婚姻自由，这一内涵本来是不言而喻的。然而，现实生活中反映出的突出问题是，丧偶或者离异的老人不在少数，而老年人再婚是障碍多、麻烦大、难上难。因此，本条专门作出有针对性的规定，进一步使“婚姻自由”在老年人婚姻问题上有具体的体现，以达到保障老年人再婚自由的目的。

本条规定：“子女应当尊重父母的婚姻权利，不得干涉父母离婚、再婚以及婚后的生活。子女对父母的赡养义务，不因父母的婚姻关系变化而终止。”从这一规定来看，主要强调了两个方面的内容：

第一，老年人的婚姻自由受法律保护，子女应当尊重父母的婚姻权利，包括离婚和再婚的自主权利，尤其是不得因一己私利和世俗偏见阻挠干涉父母再婚。父母是否再婚，与谁结婚应由其自主决定。父母再婚后，子女不得干涉父母婚后的生活，比如，子女不得干涉父母选择居所或者依法处分个人财产。

第二，子女对父母的赡养义务，不因父母的婚姻关系变化而终止。本法总则编第 26 条第 2 款规定，成年子女对父母负有赡养、扶助和保护的义务。本法第 1067 条第 2 款规定，成年子女不履行赡养义务的，缺乏劳动能力或者生活困难的父母，有要求成年子女给付赡养费的权利。子女对父母的赡养义务，包括对老年人经济上的供养、生活上的照料和精神上的慰藉义务，并应当照顾老年人的特殊需要。比如，提供生活费或实物、体力上给予帮助和精神上予以尊敬、关怀等，对患病的老年人还应当提供医疗费用和进行护理。子女对父母的赡养义务是无期限的，只要父母需要赡养，子女就应当履行这一义务。父母婚姻关系的变化不导致子女赡养义务的解除，子女不能因父母再婚而对父母不闻不问，相互推诿，不尽赡养义务。在有赡养能力的子女不履行赡养义务时，没有劳动能力或生活困难的父母，有要求子女给付赡养费的权利。父母可以直接向子女索要赡养费，也可以请求有关组织，如子女所在单位、居民委员会、村民委员会调解，还可以直接向人民法院起诉要求给付赡养费。

第一千零七十条　父母和子女有相互继承遗产的权利。

❖ 条文主旨 ❖

本条是关于父母和子女之间相互遗产继承权的规定。

❖ 条文解读 ❖

根据本条的规定，子女可以继承其父母的遗产，父母可以继承其子女的遗产。也可以理解为，父母与子女之间相互有继承权。这种权利是以双方之间的身份为依据的。父母、子女都是被继承人的最近的直系血亲，他们之间有极为密切的人身关系和财产关系。根据本法继承编第 1127 条的规定，配偶、子女、父母是第一顺序的继承人。

一、父母

这里享有继承权的父母，包括生父母、养父母和有抚养关系的继父母。被继承人的父和母，继承其死亡子女的财产的权利是平等的。

亲生父母与子女之间的关系，是自然血亲关系。亲生父母有对其子女的继承权。父母之间的婚姻的离异和变化，不影响亲生父母与子女之间的关系，父母即使离婚，也可以继承其亲生子女的财产。如父母有抚养能力和抚养条件，但未尽抚养子女的义务，在分配子女的遗产时，应当不分或者少分。

养父母，是指收养他人子女为自己子女的人。养父母与养子女虽不是己身所出的血亲，但基于收养关系的确立并对子女尽了抚养义务，是拟制血亲，与亲生父母处于同等的继承地位。养父母对养子女而言，只要他们之间的收养关系没有中断，权利义务依然存在。养父母离婚的，双方仍然对养子女进行抚养的，仍可以继承其养子女的财产。如果养父母离婚，养子女归一方抚养，未尽抚养义务的另一方不能继承养子女的财产。

继父母如果尽了抚养义务，与继子女之间产生一种特殊的拟制血亲。尽了抚养义务的继父母在继承上与亲生父母处于相同的法律地位。如果继父与生母离婚，继子女随生母生活，继父与继子女之间的抚养关系中断，继父与继子女之间的血亲关系消灭，继父不享有继子女的财产继承权。反之继母与生父离婚，继子女随生父生活，继母与继子女之间的抚养关系中断，继母与继子女之间的血亲关系消灭，继母不享有继子女的财产继承权。

二、子女

享有继承权的子女，包括亲生子女、养子女和有抚养关系的继子女。

亲生子女包括婚生子女和非婚生子女。不论婚生子女，还是非婚生子女，都有同等的继承权。成年子女有赡养能力和赡养条件，但未尽赡养义务，在分配父母遗产时，应当不分或者少分。

养子女，是指被收养的子女。收养他人子女为自己子女的人为养父母。收养关系一经确立，养子女取得与亲生子女同等的法律地位，同时养子女与生父母之间的权利义务关系消除。这样养子女可以继承养父母的财产，但不能继承其生父母的财产。如果抚养关系解除，养父母与养子女之间的抚养关系中断，原养子女就享有对生父母财产的继承权。

继子女是夫妻一方对另一方与其前夫或前妻所生子女而言。继子女与继父或者继母之间形成了抚养和赡养关系，继子女对继父或者继母的财产有继承权。如果继父与生母或继母与生父离婚，继父母不再抚养继子女，原继子女也不再赡养原继父母，原继子女不享有对原继父母财产的继承权。还有一点要注意，因为亲生父母子女之间的天然血亲关系不因父母离婚而消灭，因此，有抚养和赡养关系的继子女在继承继父母遗产的同时，仍然有权继承自己生父母的遗产。但是，如果有赡养能力和赡养条件的继子女对其生父或者生母未尽赡养义务，在遗产分割上，就应当少分或者不分。

作为继承人的子女，不论性别，不论已婚还是未婚，都平等地享有继承权。在我国现实生活中，特别是在广大农村地区，女儿出嫁后，由于一些重男轻女的封建思想，如女儿不能传宗接代，出嫁后，不能在娘家顶门立户等，存在着忽视或取消已婚女儿继承权的现象。按照本条和本法继承编的有关规定，这种做法是错误的。法律保护已婚女儿合法的继承权利。如果女儿出嫁后，赡养其父母的义务主要由她的兄弟们承担。在这种情况下，已婚女儿往往就不提继承父母财产的要求了，这可以视为其放弃继承权。这种情况，既符合继承法中权利义务相一致的原则，也符合一般情况和不少地区的风俗习惯。

第一千零七十一条　非婚生子女享有与婚生子女同等的权利，任何组织或者个人不得加以危害和歧视。

不直接抚养非婚生子女的生父或者生母，应当负担未成年子女或者不能独立生活的成年子女的抚养费。

❖ 条文主旨 ❖

本条是关于非婚生子女和父母的权利和义务的规定。

❖ 条文解读 ❖

非婚生子女，是指没有婚姻关系的男女所生的子女，包括未婚男女双方所生的子女或者已婚男女与婚外第三人发生两性关系所生的子女。对于无效婚姻或者被撤销婚姻的当事人所生子女，有的国家将其视为非婚生子女，有的国家则基于保护子女权益的需要仍然规定其为婚生子女。

根据本法的规定，对非婚生子女的保护主要有以下几个方面：

一、对非婚生子女不得加以歧视和危害

对于非婚生子女的歧视和危害主要有两个方面：一方面是

来自家庭内部的歧视和危害。当非婚生子女的生母或者生父与第三方结婚，非婚生子女一般也会随父亲或者母亲来到新的家庭。由于非婚生子女的加入涉及家庭财产的分割等若干利益冲突，非婚生子女往往受到新家庭成员的歧视和虐待。另一方面是来自社会各方面的歧视和危害。虽然近些年来人们对非婚生子女的认识有了很大的改变，但仍然有一些人还是将对非婚生子女生父母行为的异议和鄙视，发泄在非婚生子女身上，致使一些非婚生子女的身心受到了极大的伤害。因此，对于非婚生子女而言，其所在的幼儿园、学校、工作单位及住所地对其成长都会产生很大的影响，各方面不仅不得歧视和迫害非婚生子女，还应当认识到非婚生子女是无辜的，他们的身份不是自己所选择的，社会各界应当对于当事人的隐私给予应有的尊重和保护，给非婚生子女更多的关爱，以弥补他们在家庭生活中的缺憾。总之，给非婚生子女一个健康的生存环境，应当成为社会文明程度的标志。

二、非婚生子女的生父、生母都应当负担子女的抚养费

1980 年婚姻法仅规定非婚生子女的生父应当负担其子女生活费和教育费的一部分或全部。这主要是由于当时非婚生子女一般都是随生母生活，因此，法律上需要强调生父应当承担的责任。但是，社会生活中有不少非婚生子女随生父生活的情况，这就要求法律对这种情况作出规定，明确其生母在此情况下应当承担的责任，否则，会造成非婚生子女父母双方法律地位的不平等，无法充分保障非婚生子女的健康成长。因此，2001 年修改婚姻法时对此问题作出了修改，明确只要不与非婚生子女生活在一起，未直接抚养非婚生子女的，不论是生父还是生母，都应当负担子女的生活费和教育费，直到该子女独立生活时为止。本次编纂民法典，对这一规定作了进一步的完善，明确不直接抚养非婚生子女的生父或者生母，应当负担未成年子女或者不能独立生活的成年子女的抚养费。如果不与非婚生子女生活在一起的一方拒绝履行该抚养义务的，那么，非婚生子女有权向人民法院起诉要求其承担相应的义务。

三、非婚生子女与生父母间有相互继承遗产的权利

本法继承编第 1127 条规定："遗产按照下列顺序继承：(一) 第一顺序：配偶、子女、父母；（二）第二顺序：兄弟姐妹、祖父母、外祖父母。继承开始后，由第一顺序继承人继承，第二顺序继承人不继承；没有第一顺序继承人继承的，由第二顺序继承人继承。本编所称子女，包括婚生子女、非婚生子女、养子女和有扶养关系的继子女。本编所称父母，包括生父母、养父母和有扶养关系的继父母。本编所称兄弟姐妹，包括同父母的兄弟姐妹、同父异母或者同母异父的兄弟姐妹、养兄弟姐妹、有扶养关系的继兄弟姐妹。"继承编的这一规定，使我国的非婚生子女在继承时与婚生子女完全享有相同的权利和义务，使非婚生子女不会因为其出生问题受到不公平的待遇，在继承财产时不分或者少分。同样，在非婚生子女的父母继承非婚生子女的财产时，他们之间的权利和义务也完全等同于父母子女之间的权利和义务。

❖ 案例分析 ❖

原告黄某因与被告尹某同居关系子女抚养纠纷一案，向法院提出如下诉讼请求：（1）请求判令原被告双方所生的非婚生女黄某乙由原告抚养；（2）请求判令被告按照每月 1500 元的标准向原告支付黄某乙抚养费至 18 岁止；（3）请求判令被告按照每月 1000 元的标准向原告支付从黄某乙出生至今的抚养费，120 个月共计 120000 元；（4）请求判令被告向原告支付黄某乙就读私立学校的一半教育费用，共计 54610 元；(5) 请求判令被告向原告支付利息，从起诉之日起计算至实际支付之日止。被告尹某辩称：（1）原告要求被告负担抚养费，应当提供能证明双方具有亲子关系的证明；（2）被告每月的工资才3000多元，且家中还有两个小孩需要抚养，原告诉请的抚养费过高；（3）原告曾经不需要被告承担任何抚养费用，说明该小孩与被告没有任何关系。

法院认为，原告黄某与被告尹某同居期间生育一女黄某乙，根据我国法律规定，非婚生子女享有与婚生子女同等的权利。被告尹某应当承担非婚生女黄某乙的抚养教育义务。因本案被告尹某已有两个子女需要抚养，故在考虑黄某乙抚养费用时应当根据原被告的具体情况酌情考虑。结合本案被告尹某的工资收入以及原告黄某的工资收入，本案认为由被告尹某每月承担抚养费按照工资的35%为宜，又因尹某有3名子女需要抚养，故负担黄某乙的抚养费为每月400元。故自黄某乙出生至今的抚养费计算为400元/月×120个月=48000元。另本案中原、被告非婚生女黄某乙一直由原告抚养，已经形成了较为稳固的生活学习环境，继续由原告抚养将更有利于小孩的成长，故对原告要求抚养黄某乙的诉请本院予以支持。综上，依据有关法律规定，判决如下：一、原告黄某与被告尹某非婚生女黄某乙由原告黄某抚养，被告尹某自2020年3月起每月负担400元抚养费直至黄某乙年满18周岁止。被告尹某有探望小孩的权利，原告黄某有协助探望的义务。二、被告尹某在本判决生效之日起15日内负担非婚生女黄某乙自出生以来的抚养费共计48000元。三、驳回原告黄某的其他诉讼请求。

第一千零七十二条　继父母与继子女间，不得虐待或者歧视。

继父或者继母和受其抚养教育的继子女间的权利义务关系，适用本法关于父母子女关系的规定。

❖ 条文主旨 ❖

本条是关于继父母与继子女的权利义务的规定。

❖ 条文解读 ❖

继父母，是指子女母亲或者父亲再婚的配偶；继子女，是指夫或者妻一方与前配偶所生的子女。继父母和继子女的关系是因子女的生父或者生母再婚而形成的，即生父母一方死亡，另一方再婚，或者生父母离婚，生父或者生母再婚。

我国法律对继父母子女关系一直给予了足够的重视。1950年婚姻法第16条规定，夫对于其妻所抚养的与前夫所生的子女或妻对于其夫所抚养的与前妻所生的子女，不得虐待和歧视。该条虽然没有使用“继子女”的概念，但在立法中第一次确定继子女的法律地位。1980年婚姻法明确规定了继父母继子女的权利和义务，并且规定继父母和继子女之间不得虐待和歧视，继父或继母和受其抚养教育的继子女间的权利义务，适用法律中父母子女关系的有关规定。1985年继承法明确规定，法定继承人范围中的子女包括有扶养关系的继子女、父母包括有扶养关系的继父母、兄弟姐妹包括有扶养关系的继兄弟姐妹。多年的实践证明，我国法律中有关继父母继子女的规定是行之有效的，所以，这次编纂民法典没有对现行法律中有关继父母和继子女的规定作出改动。

一、继父母和继子女之间不能相互虐待或者歧视

本条第1款明确规定：“继父母与继子女间，不得虐待或者歧视。”由于我国长期处于封建社会，所以，继子女的社会地位一直很低下，他们受到家庭和社会的虐待和歧视的情况比比皆是。虽然新中国成立以来，对继子女权利的保护有了充分的法律依据，但封建残余思想仍影响着一些人。有的继父母不

仅在生活上不给继子女提供应有的保障，而且还以种种理由剥夺了继子女受教育的权利；有的继父母对继子女采取打骂、体罚等手段从各方面来折磨和摧残继子女。而反过来，继子女长大后或者一些成年的继子女，出于报复等心理又对继父母进行打骂和虐待，使一些继父母晚年的生活极为不幸，得不到继子女的赡养。因此，一方面应当加大对继子女的保护力度，使他们不能因为父母婚姻状况的改变而受到不公正的待遇；另一方面也应当重视对继父母权利的保护，保障他们能老有所养。继父母和继子女之间不能相互虐待和歧视的条款，不仅适用于因生父母与继父母结婚而形成的单纯的姻亲关系，而且也包括已形成抚养关系的继父母与继子女。

二、继父母子女之间的权利义务关系

我国法律中的父母子女关系可分为婚生父母子女关系、非婚生父母子女关系、养父母子女关系和继父母子女关系四种。前三种父母子女关系都适用民法典关于父母子女关系权利义务的有关规定，只有继父母子女关系不能一概适用，而是有条件地适用父母子女关系权利义务的规定。

根据本条第 2 款的规定，继父母与接受其抚养教育的继子女之间，属于法律上的拟制血亲关系，产生父母子女间的权利义务关系，而未形成抚养关系的继父母和继子女之间则不发生父母子女的权利义务关系。但这种拟制血亲关系又和继父母收养继子女有所不同，它不以解除继子女与其生父母间的权利和义务关系为前提。继父或者继母和受其抚养教育的继子女间的权利义务关系，适用本法关于父母子女关系的有关规定，主要包括以下几层含义：一是继父母对继子女有抚养和教育的义务。继父母不仅要保证继子女的生活所需，而且要保证继子女能接受正常的教育。对于不履行抚养义务的继父母，未成年的继子女或者不能独立生活的继子女，有要求给付抚养费的权利。二是继子女对继父母有赡养和扶助的义务。在通常情况下，受继父母抚养成人并独立生活的继子女，应当承担赡养继父母的义务。继子女不履行赡养义务时，缺乏劳动能力或者生活困难的继父母，有要求继子女支付赡养费的权利。三是继父母和继子女之间有相互继承财产的权利。本法继承编第1127条规定："遗产按照下列顺序继承：（一）第一顺序：配偶、子女、父母；（二）第二顺序：兄弟姐妹、祖父母、外祖父母。……本编所称子女，包括婚生子女、非婚生子女、养子女和有扶养关系的继子女。本编所称父母，包括生父母、养父母和有扶养关系的继父母……"四是继父母有教育、保护未成年继子女的权利和义务。未成年继子女造成他人损害的，继父母应当依法承担民事责任。

第一千零七十三条　对亲子关系有异议且有正当理由的，父或者母可以向人民法院提起诉讼，请求确认或者否认亲子关系。

对亲子关系有异议且有正当理由的，成年子女可以向人民法院提起诉讼，请求确认亲子关系。

❖ 条文主旨 ❖

本条是关于亲子关系异议之诉的规定。

❖ 条文解读 ❖

亲子关系确立制度，是指有关子女与父母之间是否确立亲子关系的制度，传统的亲子关系确立制度包括亲子关系的推定、否认、认领和非婚生子女的准正等。不同国家和地区的亲子关系确立制度基于社会经济状况、文化传统、宗教道德、社会习惯等的不同而有一定的差异。在亲子关系确立制度上，各国都根据自己国家的国情等实际情况来构建具体制度。

本条规定分为两款，根据提起诉讼主体的不同，分别规定了父或者母作为提起诉讼主体的亲子关系异议之诉和成年子女作为提起诉讼主体的亲子关系异议之诉。

本条第1款规定："对亲子关系有异议且有正当理由的，父或者母可以向人民法院提起诉讼，请求确认或者否认亲子关系。"理解本款规定，注意以下几个问题：

第一，关于提起诉讼的主体。本款规定的提起诉讼的主体限于"父或者母"。

第二，关于诉讼请求。根据本款规定，父或者母向人民法院提起的诉讼请求为"确认或者否认亲子关系"。

第三，关于提起诉讼的条件。根据本款规定，父或者母向人民法院请求确认或者否认亲子关系的诉讼请求，必须满足"对亲子关系有异议且有正当理由"的条件。"对亲子关系有异议"是指父或者母认为现存的亲子关系是错误的，自己不是或者应是他人生物学意义上的父或者母。对亲子关系有异议，进而请求人民法院确认或者否认亲子关系，这是当然之义。亲子关系对婚姻家庭关系影响巨大，更可能涉及未成年人合法权益的保护，如果任凭当事人的怀疑或者猜测就允许其提起亲子关系之诉，不利于夫妻关系和社会秩序的稳定，不利于构建和谐社会的总体要求。父或者母对亲子关系有异议时，还需要举证证明其"有正当理由"，才能提起亲子关系之诉。如何认定"有正当理由"，本款没有作出具体界定，实践中应当由人民法院根据案件的具体情况来作出判断。比如，当事人应当提供初步证据证明其提出的确认或者否认亲子关系的主张，如丈夫提供的医院开具其无生殖能力的证明，又如有权机构开具的其与某人不存在亲子关系的亲子鉴定书等。人民法院根据当事人提供的初步证据，经审查符合"有正当理由"的条件的，对其提起的亲子关系异议之诉才能予以受理。

本条第 2 款规定："对亲子关系有异议且有正当理由的，成年子女可以向人民法院提起诉讼，请求确认亲子关系。"理解本款规定，注意以下几个问题：

第一，关于提起诉讼的主体。本款规定的提起诉讼的主体限于"成年子女"。这里的"子女"仅指生子女，即不包括养子女和继子女。

第二，关于诉讼请求。根据本款规定，成年子女向人民法院提起的诉讼请求为"确认亲子关系"。与第 1 款规定不同的是，成年子女不能请求人民法院否认亲子关系。这主要是因为在审议过程中，有的地方、部门和专家学者提出，允许成年子女提起亲子关系否认之诉，可能会导致其逃避对父母的赡养义务，建议对成年子女提起此种诉讼予以限制。从调研的情况来看，实践中，成年子女提起否认亲子关系之诉，主要的目的是逃避法律规定的对父母的赡养义务，即使被否认的"父母"已对其尽到抚养义务，这不符合社会主义核心价值观的要求，因此，本款规定对这种情形作了限制，不允许成年子女提起否认亲子关系之诉。

第三，关于提起诉讼的条件。根据本款规定，成年子女向人民法院请求确认亲子关系的诉讼请求，必须满足"对亲子关系有异议且有正当理由"的条件。这与第 1 款的规定相同，不再赘述。

❖ 案例分析 ❖

原告张某就与被告陈某甲确认亲子关系纠纷一案中，原告张某向人民法院提出诉讼请求：确认原告与被告之间亲子关系不存在（不具有血缘关系）。被告答辩称，原告与陈某甲系亲子关系，不认可原告的起诉内容，并拒绝做亲子鉴定。

法院认为，根据有关规定，夫妻一方向人民法院起诉请求确认亲子关系不存在，并已提供必要证据予以证明，另一方没有相反证据又拒绝做亲子鉴定的，人民法院可以推定请求确认亲子关系不存在一方的主张成立。根据该规定，人民法院在另一方拒绝做亲子鉴定的情况下推定亲子关系不存在的前提是原告必须提供必要的证据予以证明。本案中，张某与陈某婚后生育了张某熠和陈某甲，2019 年双方离婚，调解书上也明确表述陈某甲为婚生女。现张某主张其与陈某甲之间不存在亲子关系并向陈某提出要求亲子鉴定，陈某拒绝鉴定，且张某未能提供必要证据证明其主张陈某甲系未成年人，亲子鉴定既关系到当事人之间人身关系，也涉及未成年人利益的保护，影响未成年人的身心健康成长，故本案不能适用法律推定原则，对张某的主张本院不予采信。据此，依照有关法律规定，判决驳回原告张某的诉讼请求。

第一千零七十四条　有负担能力的祖父母、外祖父母，对于父母已经死亡或者父母无力抚养的未成年孙子女、外孙子女，有抚养的义务。

有负担能力的孙子女、外孙子女，对于子女已经死亡或者子女无力赡养的祖父母、外祖父母，有赡养的义务。

❖ 条文主旨 ❖

本条是关于祖父母、外祖父母与孙子女、外孙子女之间抚养和赡养义务的规定。

❖ 条文解读 ❖

祖父母、外祖父母与孙子女和外孙子女是隔代的直系血亲关系，他们之间在具备法律条件的情况下，可以形成抚养和赡养关系。就我国目前情况看，虽然三代同居家庭的数量在逐步减少，但由于我国人口基数较大，所以三代同居的家庭仍占着不小的比例。随着经济的发展，人的寿命在普遍延长，人口的老龄化已成为一个不容忽视的社会性问题。我国的社会保障体系虽然逐步完善，但仅靠社会的力量还不能完全承担对老年人的赡养。同样，对于父母已经死亡或者无力抚养的孙子女、外孙子女，社会福利机构也没有能力完全承担起抚养的义务。因此，隔代抚养可以说是我国在相当长的时间内将面临的一个问题，扶老育幼不仅是中华民族需要发扬光大的优良传统，而且也需要法律对此问题作出明确的规定。根据本条的规定，祖孙之间抚养或者赡养关系的形成应当具备以下条件：

一、被抚养、赡养人的父母、子女死亡或者无抚养、赡养能力

此条件主要包括两种情况：（1）子女在未成年时父母双亡，或者父母丧失抚养能力；（2）子女在成年后死亡或者丧失扶养能力，无法赡养其父母。

二、被抚养、赡养人确实有困难需要被抚养、赡养

祖孙之间抚养赡养关系的形成必须建立在一方确实有困难的基础上，如果被扶养人有一定的经济收入或者经济来源，完全能负担自身的生活所需，那么，就不能要求祖父母、外祖父母或者孙子女、外孙子女来承担其抚养或者赡养义务。当然，我国有着尊老爱幼的优良传统，如果祖孙之间完全基于亲情，在对方没有困难的情况下仍愿承担一定的抚养或者赡养义务，是一种值得发扬和提倡的美德。

三、承担抚养、赡养义务的人有一定的抚养、赡养能力

如果法律意义上的抚养、赡养义务人没有一定的抚养、赡养能力，那么就不能再要求其承担相应的法律责任。比如，一个 8 岁的女孩，其父母在一场车祸中丧生，只有奶奶在世，奶奶没有工作，一直靠社会福利金生活，那么，在这种情况下就不能要求女孩的奶奶承担抚养其孙女的义务。此外，如果抚养或者赡养义务人有多个人时，比如，被赡养人既有孙子又有外孙女，那么需要当事人协商决定其应当承担的义务。同样，如果抚养或者赡养权利人有多个人时，在抚养或者赡养义务人的经济能力不足以承担全部抚养或者赡养义务时，那么，对于经济状况和身体状况最差者应当优先被抚养或者被赡养。

关于抚养或者赡养的方式，民法典对此没有作出专门规定，只规定对不履行抚养或者赡养义务的人，权利人有要求其履行义务的权利。实践中抚养或者赡养的方式主要有以下两种，当事人可以根据自身的情况来选择：一是共同生活抚养或者赡养，即被抚养或者赡养人与抚养或者赡养义务人共同居住在一起，进行直接的抚养或者赡养；二是通过给付抚养或者赡养费、探视、扶助等方式完成扶养义务。

抚养或者赡养义务人在履行抚养或者赡养义务时，往往需要和被抚养或者赡养人就抚养或者赡养义务的程序、抚养或者赡养的具体方式等内容进行协商，达成对当事人均具有约束力的抚养或赡养协议。如果当事人之间达不成协议，那么，可以请求人民法院通过判决来确定权利和义务。

抚养或者赡养协议达成后或者人民法院的判决生效后，当事人的经济和生活状况往往会出现一些新的变化，如果仍然要求当事人按照原有的抚养或者赡养协议或者判决来执行，可能会使一方当事人利益受到损害，因此，当事人需要通过一定的途径来变更抚养或者赡养权。所谓变更抚养或者赡养权，是指抚养或者赡养义务人、抚养或者赡养权利人以及抚养或者赡养程序和方法的变更。在抚养或者赡养当事人一方或者双方在经济和生活状况发生变化时，抚养或者赡养权利人和抚养或者赡养义务人都有权要求变更原抚养或者赡养协议或者有关抚养或者赡养的判决。当事人首先可以在自愿、平等的基础上进行协商，协商不成时，可以向人民法院起诉，来重新确定双方的权利和义务。

第一千零七十五条 有负担能力的兄、姐，对于父母已经死亡或者父母无力抚养的未成年弟、妹，有扶养的义务。

由兄、姐扶养长大的有负担能力的弟、妹，对于缺乏劳动能力又缺乏生活来源的兄、姐，有扶养的义务。

❖ 条文主旨 ❖

本条是关于兄弟姐妹间扶养义务的规定。

❖ 条文解读 ❖

一、兄弟姐妹间的扶养关系在法律规定上的发展变化

我国1950年婚姻法没有对兄弟姐妹间的扶养关系作出规定，但在实际生活中，兄、姐扶养教育弟、妹却是常见的现象。1980年的婚姻法第23条规定："有负担能力的兄、姊，对于父母已经死亡或父母无力抚养的未成年的弟、妹，有抚养的义务。"2001年婚姻法把在实际生活中和司法实践中认为是可行的做法以法律形式加以规范，补充规定："由兄、姐扶养长大的有负担能力的弟、妹，对于缺乏劳动能力又缺乏生活来源的兄、姐，有扶养的义务。"这次编纂民法典，保留了2001年婚姻法的这一规定。

二、形成兄弟姐妹间扶养义务的条件

（一）负有扶养义务的兄弟姐妹的范围

兄弟姐妹包括同胞兄弟姐妹、同父异母或同母异父兄弟姐妹、养兄弟姐妹和继兄弟姐妹。在一般情况下，兄弟姐妹应由他们的父母抚养，因而他们相互之间不发生扶养与被扶养的权利义务关系。但是在特定条件和特定情况下，兄、姐与弟、妹之间会产生有条件的扶养义务。当然，法律对兄弟姐妹间扶养义务的规定，主要是从同胞兄弟姐妹之间的关系来确定的，因为他们是血缘关系最密切的旁系同辈血亲。对于半血缘的同父异母或者同母异父兄弟姐妹，以及没有血缘关系的养兄弟姐妹和继兄弟姐妹，如果符合法律规定的条件和情形，其相互之间也将产生扶养与被扶养的权利义务关系。

（二）兄弟姐妹形成扶养义务的条件

兄、姐扶养弟、妹，或者弟、妹扶养兄、姐不是必然发生的法定义务，而是有条件的。简而言之，就是应尽抚养或赡养或扶养义务的父母、子女或者配偶不能尽其抚养或赡养或扶养义务时，由有能力的兄弟姐妹来承担扶养义务。兄弟姐妹间的扶养义务是第二顺序的，具有递补性质。但兄弟姐妹间一旦形成扶养义务，那么该义务又是不可推卸的法定义务，义务人应当自觉履行。

1. 兄、姐扶养弟、妹需要具备的条件。产生兄、姐对弟、妹的扶养义务，应当同时具备下述三个条件：

第一，弟、妹须为未成年人，即不满 18 周岁。如果弟、妹已经成年，虽无独立生活能力，兄、姐亦无法定扶养义务。

第二，父母已经死亡或者父母无力抚养。这里包含了两种情况：一是父母均已经死亡，没有了父母这第一顺序的抚养义务人。如果父母一方尚在且有抚养能力，仍应由尚在的父或母承担抚养义务。二是父母均尚在或者一方尚在但都没有抚养能力，比如，父母在意外事故中致残没有了劳动能力和生活来源，便产生了由有负担能力的兄、姐扶养弟、妹的义务。

第三，兄、姐有负担能力。在前述两项条件具备时，兄、姐对弟、妹的扶养义务并不必然发生，只有兄、姐有负担能力时，才产生扶养弟、妹的义务。

2. 弟、妹扶养兄、姐需要具备的条件。产生弟、妹对兄、姐的扶养义务，亦应当具备下述三个条件：

第一，兄、姐缺乏劳动能力又缺乏生活来源。如果兄、姐虽缺乏劳动能力但并不缺少经济来源，比如，受到他人经济上的捐助或自己有可供生活的积蓄的，则不产生弟、妹的扶养义务。同时，如果兄、姐虽缺少生活来源，但有劳动能力，兄、姐可通过自己的劳动换取生活来源，在此情况下，弟、妹亦无扶养兄、姐的义务。

第二，兄、姐没有第一顺序的扶养义务人，或者第一顺序的扶养义务人没有扶养能力。比如，兄、姐没有配偶、子女，或兄、姐的配偶、子女已经死亡或者配偶、子女没有扶养能力。如果兄、姐的配偶尚在或者有子女且有扶养能力，应由这些第一顺序的扶养义务人承担扶养义务。

第三，弟、妹由兄、姐扶养长大且有负担能力。这里包含两个方面的因素：一是弟、妹是由兄、姐扶养长大的。这表明在弟、妹未成年时，父母已经死亡或父母无抚养能力，兄、姐对弟、妹的成长尽了扶养义务。按照权利义务对等原则，弟、妹应承担兄、姐的扶养责任。二是弟、妹有负担能力。若无负担能力则不负扶养义务。

第四章 离　婚

本章共十七条，对协议离婚、判决离婚、婚姻关系解除时间、现役军人离婚特别规定、男方离婚请求权的限制、复婚、离婚对父母子女关系的影响、离婚后子女抚养及抚养费的负担、父母一方探望子女的权利、离婚时夫妻共同财产的分割、离婚经济补偿、夫妻共同债务清偿、离婚经济帮助、离婚损害赔偿、对夫妻一方擅自处分共同财产或伪造债务侵占他方财产的法律责任等作了明确规定。

第一千零七十六条　夫妻双方自愿离婚的，应当签订书面离婚协议，并亲自到婚姻登记机关申请离婚登记。

离婚协议应当载明双方自愿离婚的意思表示和对子女抚养、财产以及债务处理等事项协商一致的意见。

❖ 条文主旨 ❖

本条是关于协议离婚的规定。

❖ 条文解读 ❖

婚姻法对协议离婚只有一条规定，即第 31 条的规定："男女双方自愿离婚的，准予离婚。双方必须到婚姻登记机关申请离婚。婚姻登记机关查明双方确实是自愿并对子女和财产问题已有适当处理时，发给离婚证。"民法典婚姻家庭编，对协议离婚增加了两条规定，进一步完善了协议离婚制度，本条是对协议离婚的基本规定。

一、协议离婚制度的含义和意义

我国的离婚制度，分为协议离婚和诉讼离婚两种。由于婚姻关系当事人对离婚所持的态度不同，在处理程序上也不大相同。

协议离婚也叫"双方自愿离婚"，是指婚姻关系当事人达成离婚合意并通过婚姻登记程序解除婚姻关系的法律制度。其主要特征：一是当事人双方在离婚以及子女和财产问题上意愿一致，达成协议；二是按照婚姻登记程序办理离婚登记，取得离婚证，即解除婚姻关系。

二、协议离婚的条件

根据本条规定，只有符合下列条件的，才能协议离婚：

（一）协议离婚的当事人双方应当具有合法夫妻身份

以协议离婚方式办理离婚的，仅限于依法办理了结婚登记的婚姻关系当事人，不包括未婚同居和有配偶者与他人同居的男女双方，也不包括未办理结婚登记的“事实婚姻”中的男女双方。

（二）协议离婚的当事人双方均应当具有完全的民事行为能力

只有完全民事行为能力人才能独立自主地处理自己的婚姻问题。一方或者双方当事人为限制民事行为能力或者无民事行为能力的，例如，精神病患者、痴呆症患者，不适用协议离婚程序，只能适用诉讼程序处理离婚问题，以维护没有完全民事行为能力当事人的合法权益。

（三）协议离婚当事人双方必须具有离婚的共同意愿

“双方自愿”是协议离婚的基本条件，协议离婚的当事人应当有一致的离婚意愿。这一意愿必须是真实而非虚假的；必须是自主作出的而不是受对方或第三方欺诈、胁迫或因重大误解而形成的；必须是一致的而不是有分歧的。对此，本条规定“夫妻双方自愿离婚”，对于仅有一方要求离婚的申请，婚姻登记机关不予受理，当事人只能通过诉讼离婚解决争议。

（四）双方要签订书面离婚协议

根据《婚姻登记条例》第 12 条第 1 项规定，办理离婚登记的当事人未达成离婚协议的；婚姻登记机关不予受理。本条第 2 款对双方书面离婚协议的具体内容作了明确要求，即离婚协议应当载明双方自愿离婚的意思表示和对子女抚养、财产及债务处理等事项协商一致的意见。据此，离婚协议应当具有如下内容：

1. 有双方自愿离婚的意思表示。双方自愿离婚的意思必须要以文字的形式体现在离婚协议上。

2. 有对子女抚养、财产及债务处理等事项协商一致的意见。“对子女抚养、财产及债务处理等事项协商一致的意见”

是协议离婚的必备内容。如果婚姻关系当事人不能对子女抚养、财产及债务处理等事项达成一致意见的话，则不能通过婚姻登记程序离婚，而只能通过诉讼程序离婚。

第一，子女抚养等事项。双方离婚后有关子女抚养、教育、探望等问题，在有利于保护子女合法权益的原则下应当作合理的、妥当的安排，包括子女由哪一方直接抚养，子女的抚养费和教育费如何负担、如何给付等。由于父母与子女的关系不因父母离婚而消除，协议中最好约定不直接抚育方对子女探望权利行使的内容，包括探望的方式、时间、地点等。

第二，财产及债务处理等事项。主要包括：（1）在不侵害任何一方合法权益的前提下，对夫妻共同财产作合理分割，对给予生活困难的另一方以经济帮助作妥善安排，特别是切实解决好双方离婚后的住房问题；（2）在不侵害他人利益的前提下，对共同债务的清偿作出清晰、明确、负责的处理。

（五）双方应当亲自到婚姻登记机关申请离婚

申请离婚的当事人双方，必须亲自到婚姻登记机关办理离婚登记手续，是我国的一贯做法。

符合以上协议离婚条件的，婚姻登记机关才受理当事人协议离婚的申请。这只是协议离婚的第一步，最终是否可以通过协议达到离婚的目的，还要看是否符合本法第1077条、第1078条的规定。

第一千零七十七条　自婚姻登记机关收到离婚登记申请之日起三十日内，任何一方不愿意离婚的，可以向婚姻登记机关撤回离婚登记申请。

前款规定期限届满后三十日内，双方应当亲自到婚姻登记机关申请发给离婚证；未申请的，视为撤回离婚登记申请。

❖ 条文主旨 ❖

本条是关于离婚冷静期的规定。

❖ 条文解读 ❖

离婚冷静期是指夫妻协议离婚时，政府给要求离婚的双方当事人一段时间，强制当事人暂时搁置离婚纠纷，在法定期限内冷静思考离婚问题，考虑清楚后再行决定是否离婚。法律规定当事人冷静思考离婚问题的期限为离婚冷静期。

在编纂民法典过程中，有些意见反映，自2001年婚姻法修正案颁布实施以来，我国的协议离婚问题突出，主要表现有：一是离婚率呈持续上升趋势。二是协议离婚比例逐渐提高。三是离婚当事人婚龄短，冲动型、轻率、草率型离婚屡见不鲜，数量增加。2003年《婚姻登记条例》的修改，进一步简化了当事人在民政部门办理离婚登记的条件和审查程序，婚姻登记部门缺乏必要的调解和限制措施，导致冲动型、轻率、草率型离婚的数量增加，由此出现新中国成立以来第三次离婚高峰。

为防止轻率离婚，几届全国人大代表、全国政协委员纷纷提出议案、建议或者提案建议全国人大修改法律，对此问题予以解决。社会各界呼声也很高。对此全国人大立法部门十分重视，对此问题进行了深入的调查，开展了广泛的论证研究。在形成民法典婚姻家庭编征求意见稿时，就增加了离婚冷静期的规定。这一规定，在征求意见中得到了多数赞成。这一内容经过草案的几次修改更加完善。本条就是关于离婚冷静期的具体规定。

依据本条规定，申请协议离婚的当事人自向婚姻登记机关申请离婚之日起30日内，应当冷静、理智地对自己的婚姻状况和今后的生活进行充分的考虑，重新考虑是否以离婚方式解决夫妻矛盾，考虑离婚对自身、对子女、对双方家庭、对社会的利与弊，避免冲动行为。本条中规定的30日即为离婚冷静期，在此期间，任何一方或者双方不愿意离婚的，可以向婚姻登记机关撤回离婚登记申请。国外许多国家有离婚冷静期的规定，只是名称有所不同：英国叫离婚反省期；法国叫离婚考虑期；韩国叫离婚熟虑期；美国叫离婚等候期。其目的是对离婚进行干预，降低离婚率，这对婚姻的瓦解起到了一个缓冲的作用。在冷静期间，婚姻登记机关并不是坐视不理，可以为当事人提供心理咨询，谈心谈话，了解当事人的婚姻实际状况，判定是否为危急婚姻，哪方责任大，过错在谁等。通过积极调解，既可以促使双方当事人平息怨恨、减少敌对，珍惜自己与配偶的婚姻关系，也为以后审查当事人提交的离婚协议作了充分的准备。

依据本条规定，在30日离婚冷静期内，任何一方不愿意离婚的，应当在该期间内到婚姻登记机关撤回离婚申请。婚姻登记机关应当立即终止登记离婚程序。如果离婚冷静期届满，当事人仍坚持离婚，双方应当在离婚冷静期届满后的30日内，亲自到婚姻登记机关申请发给离婚证。婚姻登记机关查明双方确实是自愿离婚，并已对子女抚养、财产及债务处理等事项协商一致的，予以登记，发给离婚证。如果在离婚冷静期届满后的30日内，当事人双方没有亲自到婚姻登记机关申请发给离婚证，则视为撤回离婚申请。

第一千零七十八条　婚姻登记机关查明双方确实是自愿离婚，并已经对子女抚养、财产以及债务处理等事项协商一致的，予以登记，发给离婚证。

❖ 条文主旨 ❖

本条是关于婚姻登记机关对协议离婚查明的规定。

❖ 条文解读 ❖

自愿离婚的夫妻双方向婚姻登记机关提交离婚协议后30日内，未向婚姻登记机关申请撤回离婚协议，并在提交离婚协议30日后的30日内，亲自到婚姻登记机关申请发给离婚证，对此，婚姻登记机关应当对当事人提交的离婚协议进行查明：

一是查明当事人双方是否是自愿离婚，是否是真实而非虚假的离婚，查明离婚是否存在被胁迫的情形；查明是否因重大误解而导致的离婚。

二是查明要求离婚的双方当事人是不是对子女抚养问题已协商一致。例如，审查双方对离婚后有关子女抚养、教育、探望等问题是如何规定的，包括子女由哪一方直接抚养，子女的抚养费和教育费如何负担、如何给付等；对不直接抚养子女一方对子女探望权利如何行使，探望的方式、时间、地点等是否协商确定等。

三是审查对财产及债务处理的事项是否协商一致。例如，审查当事人双方在不侵害任何一方合法权益的前提下，对夫妻共同财产是如何作出了合理分割的；对有生活困难的一方当事人另一方当事人是否给予了必要的经济帮助，是如何落实的；查明双方离婚后各自的住房等问题；对债务问题，则可以审查双方当事人是否在不损害他人利益的前提下，对共同债务的清偿作出清晰、明确、负责的处理。

经婚姻登记机关查明双方确实是自愿离婚，并已对子女抚养、财产及债务处理等事项协商一致的，应当进行离婚登记，发给离婚证。

第一千零七十九条　夫妻一方要求离婚的，可以由有关组织进行调解或者直接向人民法院提起离婚诉讼。

人民法院审理离婚案件，应当进行调解；如果感情确已破裂，调解无效的，应当准予离婚。

有下列情形之一，调解无效的，应当准予离婚：

（一）重婚或者与他人同居；

（二）实施家庭暴力或者虐待、遗弃家庭成员；

（三）有赌博、吸毒等恶习屡教不改；

（四）因感情不和分居满二年；

（五）其他导致夫妻感情破裂的情形。

一方被宣告失踪，另一方提起离婚诉讼的，应当准予离婚。

经人民法院判决不准离婚后，双方又分居满一年，一方再次提起离婚诉讼的，应当准予离婚。

❖ 条文主旨 ❖

本条是关于诉讼离婚的规定。

❖ 条文解读 ❖

一、诉讼外调解

诉讼外调解，其依据来源于本条规定的“夫妻一方要求离婚的，可以由有关组织进行调解”。这种调解属于民间性质。“有关组织”在实践中一般是当事人所在单位、群众团体、基层调解组织等。由这些部门进行调解，符合当事人的非讼心理和社会生活中的传统习惯，易为被当事人认可和接受。调解人一般对当事人的情况比较了解，便于做好思想开导工作，缓解夫妻间的矛盾，有助于妥善、及时地化解离婚争议。

对于离婚纠纷，诉讼外调解并不是当事人要求离婚的必经程序，也不是诉讼前的必经程序。当事人可以直接向人民法院起诉，也可以在接受调解后随时退出调解。调解前不能“强拉硬拽”，调解中也不能“强加于人”。

二、诉讼离婚

（一）诉讼离婚的概念

诉讼离婚，是婚姻当事人向人民法院提出离婚请求，由人民法院调解或判决而解除其婚姻关系的一项离婚制度。诉讼离婚制度，适用于当事人双方对离婚有分歧的情况，包括一方要求离婚而另一方不同意离婚而发生的离婚纠纷；或者双方虽然同意离婚，但在子女抚养、财产及债务处理等事项不能达成一致意见、作出适当处理的情况。

（二）诉讼中的调解和判决

1. 诉讼中的调解。本条第 2 款中规定，“人民法院审理离婚案件，应当进行调解”。这表明调解是人民法院审理离婚案件的必经程序。适用调解程序，其目的在于防止当事人草率离婚，以及在双方当事人不能和解时，有助于平和、妥善地处理离婚所涉及的方方面面的问题。当然，通过调解达成协议，必须当事人双方自愿，不得强迫。调解也不是无原则的，而应当本着合法的原则进行，调解协议的内容不得违反法律规定。

2. 判决。调解不能久调不决，对于调解无效的案件，人民法院应当依法判决。判决应当根据当事人的婚姻状况，判决准予离婚或者判决不准离婚。

（三）诉讼离婚的条件

本条第 2 款中规定，“如果感情确已破裂，调解无效的，应当准予离婚”。根据这一规定，“感情确已破裂”成为诉讼离婚的基本条件和司法尺度，是准予或者不准予离婚的原则界限。夫妻感情是婚姻关系的基础，离婚争议的产生，归根结底是感情的变化。如果感情确已破裂，婚姻已经“名存实亡”，就应当依法予以解除。准予或不准予离婚，只能以夫妻的感情状况为客观依据。社会主义制度下夫妻间的婚姻是要以感情为基础的，如果夫妻感情确实已经难以弥合，那么，解除婚姻关系对于双方、对于社会都会成为一种幸事。感情确已破裂应准予离婚，是婚姻自由的重要内容，充分体现了当事人离婚自由的权利。如果用法律手段强行维持感情确已破裂的婚姻关系，与婚姻自由的原则不相符合。将感情确已破裂作为准予离婚的法定条件，表明人民法院准予当事人离婚，并不以当事人有无违背夫妻义务或导致夫妻关系解体的特定过错为标准，而是看婚姻关系有无继续维系的可能。不能将不准离婚作为对过错一方的惩罚手段，而且以判决不准离婚来维持已破裂的婚姻，实际上使无过错方也付出了代价。

（四）调解无效，判决准予离婚的主要情形

根据本条规定，调解无效，判决准予离婚的主要情形具体是：

1. 重婚或者与他人同居。重婚，是指有配偶者又与他人结婚的违法行为。其表现为法律上的重婚和事实上的重婚。前者是指有配偶又与他人登记结婚。后者是指有配偶者又与他人以夫妻名义同居生活。有配偶者与他人同居，也称姘居，是指有配偶的人与他人过着隐蔽的同居生活，不以夫妻名义，也无永久共同生活目的的行为。重婚和有配偶者与他人同居的行为，严重违反了我国一夫一妻制的婚姻制度，严重伤害夫妻感情，是导致离婚的情形之一。

2. 实施家庭暴力或者虐待、遗弃家庭成员。家庭暴力和虐待，是指发生在家庭成员之间，以殴打、捆绑、残害身体、禁闭、冻饿、凌辱人格、精神恐吓、性暴虐等手段，对家庭成员从肉体上、精神上进行伤害、摧残、折磨的行为。遗弃，是指对于需要扶养的家庭成员，负有扶养义务而拒绝扶养的行为，表现为经济上不供养，生活上不照顾，使被扶养人的正常生活不能维持，甚至生命和健康得不到保障。近年来，因家庭暴力、虐待和遗弃家庭成员而导致离婚的案件增多，甚至发生毁容、杀夫杀妻等恶性案件。

人民法院处理因家庭暴力或者虐待、遗弃家庭成员而导致的离婚案件，应当查明夫妻及其他家庭成员之间的感情状况，实施暴力、虐待和遗弃行为的事实和情节。如平时感情不好，实施上述行为是经常的、一贯的、恶劣的，已严重伤害了夫妻感情，调解无效的，应准予离婚。如果平时感情尚好，上述行为是一时而为之且情节不严重的，应当责其改过并着重进行调解，化解纠纷。

3. 有赌博、吸毒等恶习屡教不改。因有赌博、吸毒等恶习而导致的离婚案件不在少数。沾染上这些恶习的人好逸恶劳，不务正业，不但不履行家庭义务，反而常常引发家庭暴力，消耗家庭的经济积蓄，使家庭的安宁、正常的生活难以为继。身染恶习，屡教不改，夫妻不堪同居生活。

对于这类案件，人民法院应当查明有赌博、吸毒等行为一方的一贯表现和事实情况。对情节较轻，有真诚悔改表现，对方也能谅解的，应着眼于调解和好。对于恶习难改，一贯不履行家庭义务，夫妻感情难以重建，夫妻难以共同生活的，经调解无效，应准予离婚。

4. 因感情不和分居满 2 年。夫妻因感情不和分居满 2 年，一般来说可以构成夫妻感情破裂的事实证明。“分居”是指夫妻间不再共同生活，不再互相履行夫妻义务，包括停止性生活，生活上不再互相关心、互相扶助等。具有分居 2 年的情形，说明夫妻关系已徒具形式，名存实亡。当事人以此事由诉请人民法院离婚的，如经调解无效，应准予当事人离婚。

5. 其他导致夫妻感情破裂的情形。导致夫妻感情破裂的原因复杂多样，比如，一方犯有强奸罪、奸淫幼女罪、侮辱妇女罪等罪行，严重伤害夫妻感情的。再比如，一方婚后患严重的精神疾病，久治不愈，夫妻生活无法维持的。这些情形在婚姻法中难以逐一列举，人民法院应当本着保障离婚自由、防止轻率离婚的原则，根据本法的立法精神和案件的具体情况，作出正确判定。

在此需要重申的是，上述所列举的准予离婚的几种主要情形，并非判决当事人诉讼离婚的必备条件、法定情形。婚姻当事人在婚姻生活中，如无以上情况发生，但有其他因素导致夫妻感情破裂、调解无效的，人民法院亦应判决准予离婚。当然，即使有上述情形发生，但未导致夫妻感情破裂，或虽给夫妻感情造成裂痕，但可以经过调解和好的，人民法院则不能判决解除婚姻关系。

（五）一方被宣告失踪的离婚

本条第 4 款规定："一方被宣告失踪，另一方提起离婚诉讼的，应当准予离婚。"

本法第 40 条规定："自然人下落不明满二年的，利害关系人可以向人民法院申请宣告该自然人为失踪人。"民事诉讼法第 183 条第 1 款规定："公民下落不明满二年，利害关系人申请宣告其失踪的，向下落不明人住所地基层人民法院提出。"按照本法和民事诉讼法的规定，自然人下落不明满 2 年的，即该自然人离开自己居住的地方，杳无音讯，已持续达到 2 年的，其配偶、父母、子女等利害关系人可以向下落不明人的住所地基层人民法院申请宣告他为失踪人。人民法院受理宣告失踪案件后，应当发出寻找下落不明人的公告，公告期间为 3 个月。公告期间届满，宣告失踪的事实如果得到确认，人民法院应当作出宣告失踪的判决。在夫妻一方被宣告失踪的情形下，婚姻关系已名存实亡，当事人已经不能达到婚姻的目的，对此如果另一方提出离婚请求，人民法院即应判决准予离婚。

（六）判决不准离婚后又分居1年的离婚

在编纂民法典征求意见过程中，司法部门普遍反映，在审判实践中，经法院判决不准离婚后再次起诉离婚的现象比较普遍，建议将法院判决不准离婚后的分居情况作为认定可否离婚的依据之一在法律中作出规定。立法部门经过深入调研，反复论证，吸收了这一建议，在本条第5款规定：经人民法院判决不准离婚后，双方又分居满1年，一方再次提起离婚诉讼的，应当准予离婚。这一规定，可操作性比较强，有利于审判实践工作的展开，可以解决现实生活中久拖不决的离婚案件。

❖ 案例分析 ❖

原告陈某与被告董某离婚纠纷一案，向法院提出诉讼请求：（1）判决原告陈某与被告董某离婚；（2）诉讼费由被告董某承担。原告诉称，原被告系自由恋爱，婚后未生育子女。共同生活期间，原被告因性格不合，常为家庭生活琐事而口角，致使夫妻感情不睦，原告曾于2019年9月诉至法院请求与被告离婚，后原告撤诉，撤诉后双方仍未和好，已无法共同生活，故原告诉至法院。要求与被告协议离婚未果，故原告起诉至人民法院，请求依法判决。被告董某辩称：（1）不同意离婚，双方分居没有达到两年的期限，夫妻双方感情没有破裂。（2）如果判决离婚，要求分割房产、银行存款若干。

法院认为，关于原告陈某主张的原、被告夫妻感情破裂，根据“人民法院审理离婚案件，应当进行调解；如感情确已破裂，调解无效，应当准予离婚。有下列情形之一，调解无效的，应当准予离婚：（一）重婚或者与他人同居；（二）实施家庭暴力或者虐待、遗弃家庭成员；（三）有赌博、吸毒等恶习屡教不改；（四）因感情不和分居满二年；（五）其他导致夫妻感情破裂的情形”的规定，本案中，原告陈某向法院提交的海城市人民法院准许原告陈某撤诉的民事裁定书，结合双方结婚9年尚未婚育子女的事实及被告董某交通事故受伤后，在其父母家中静养身体，较少与原告陈某沟通交流，原告陈某提交的证据可以证明双方感情破裂，本院对原告陈某请求离婚的主张予以支持。综上，根据有关法律规定，法院判决原告陈某与被告董某离婚。

第一千零八十条　完成离婚登记，或者离婚判决书、调解书生效，即解除婚姻关系。

❖ 条文主旨 ❖

本条是关于婚姻关系解除时间的规定。

❖ 条文解读 ❖

本法第1049条规定，完成结婚登记，即确立婚姻关系。那么，婚姻关系什么时候解除，婚姻法没有作出明确规定。这次编纂民法典，新增了本条规定：完成离婚登记，或者离婚判决书、调解书生效，即解除婚姻关系。根据本条的规定，解除婚姻关系的时间是：

第一，完成离婚登记时。登记离婚，又称协议离婚，是我国法定的一种离婚形式。即婚姻关系当事人达成离婚合意并通过婚姻登记程序解除婚姻关系。按照本法的有关规定，夫妻双方自愿离婚的，应当订立书面离婚协议，并亲自到婚姻登记机关申请离婚登记。离婚协议应当载明双方自愿离婚的意思表示和对子女抚养、财产及债务处理等事项协商一致的意见。自婚姻登记机关收到离婚登记申请之日起30日内，任何一方不愿意离婚的，可以向婚姻登记机关撤回离婚登记申请。该30日届满后，夫妻双方仍然坚持离婚的，应当在该期间届满后的30日内，双方亲自到婚姻登记机关申请发给离婚证。婚姻登记机关查明双方确实是自愿离婚，并已对子女抚养、财产及债务处理等事项协商一致的，予以登记，发给离婚证。完成离婚登记，取得离婚证的当事人基于配偶身份而产生的人身关系和财产关系即行终止。至此，离婚的一方当事人才可以重新选择对象登记结婚。如果双方当事人又想以婚姻的形式生活在一起，那么需要办理复婚登记。

第二，离婚调解书、判决书生效时。诉讼离婚是我国法定的另一种离婚形式。即婚姻关系当事人向人民法院提出离婚请求，由人民法院调解或判决而解除其婚姻关系的一种离婚方式。根据本法第1079条第2款规定，人民法院审理离婚案件，应当进行调解。这表明调解是人民法院审理离婚案件的必经程序。由法院进行调解，可以促使双方当事人平息怨恨、减少敌对，对自己的婚姻状况和今后的生活进行充分的考虑，珍惜自己与配偶的婚姻关系。人民法院的调解有可能促成双方和好。即使调解和好不成，双方还是坚持离婚的，也可以调解离婚。对调解离婚的，人民法院应当制作调解书。调解书应当写明诉讼请求、案件事实和调解结果。调解书由审判人员、书记员署名，加盖人民法院印章，送达双方当事人；经双方当事人签收后，即具有法律效力，男女双方的婚姻关系随即解除。

人民法院对审理的离婚案件，经调解无效的，应当依法作出判决。判决应当根据当事人的婚姻状况，判决准予离婚或者判决不准离婚。一审判决离婚的，当事人不服有权依法提出上诉。双方当事人在15天的上诉期内均不上诉的，判决书发生法律效力。当事人在一审判决发生法律效力前不得另行结婚。二审人民法院审理上诉案件可以进行调解。经调解双方达成协议的，自调解书送达时起原审判决即视为撤销。二审人民法院作出的判决是终审判决。诉讼离婚的当事人在接到发生法律效力的离婚判决书后，双方的婚姻关系随即解除。

登记离婚或者判决离婚生效后，当事人解除婚姻关系，双方基于配偶产生的身份关系消灭，基于配偶身份而产生的人身关系和财产关系即行终止。

本条规定的意义在于明确离婚在夫妻双方人身和财产方面的效力，有助于双方当事人依据法律规定，处理离婚后的人身关系和财产关系，进而维护当事人的合法权益。

第一千零八十一条　现役军人的配偶要求离婚，应当征得军人同意，但是军人一方有重大过错的除外。

❖ 条文主旨 ❖

本条是关于现役军人离婚的特别规定。

❖ 条文解读 ❖

一、对军人婚姻特别保护的意义

军队是执行国家政治任务的武装集团，军人是从事军事工作的特殊人员，他（她）们担负着保卫社会主义革命和建设，保卫国家主权、领土完整，防御外来侵略和防止国家颠覆的艰巨任务，为了祖国和人民的安宁日夜战斗在国防岗位上。对军人婚姻实行特别保护是维护军队稳定的需要，有利于维护部队广大官兵的切身利益，有利于维护军队的稳定，符合我国的国情和军情，对于消除军人的后顾之忧，激发保家卫国的热情，增强部队战斗力起到了十分积极的作用。同时，也是拥军优属工作的一项重要内容。从 1950 年婚姻法的制定，到 1980 年、2001 年的修改，我国的婚姻法都对现役军人的婚姻问题作了特殊规定。这种特别规定，体现了军人婚姻历来受到党和国家的高度重视和特别保护。

对军人婚姻实行特别保护并不违背婚姻自由的原则。实行婚姻自由，是我国婚姻法确立的一项基本原则。同时，由于军队担负的特殊任务和军人职业特点，国家对军人婚姻，又有一些特殊的法律规定和政策，它既体现在“现役军人配偶要求离婚，应当征得军人同意”，也体现在军人择偶必须遵守国家和军队的有关规定，军人配偶也享受国家和社会给予军婚家庭的优待和照顾。

二、适用本条规定应注意的问题

（一）本条适用的主体

本规定适用的主体是现役军人和现役军人的配偶。

1. 现役军人，指有军籍的人，包括在中国人民解放军服现役、具有军籍和军衔的军官、士兵。

2. 现役军人的配偶，指同现役军人履行了结婚登记手续，并领取结婚证的非军人一方，也是本条适用的主体。

（二）不适用本条规定的两类军人离婚案件

1. 如果双方都是现役军人，则不是该条调整的对象。本条的立法意图，是以一定方式限制军人配偶的离婚请求实现权，从而对军人一方的意愿予以特别支持。如果双方都是现役军人，不管由谁首先提出离婚诉讼，若要适用本条的规定，则必然会妨害另一方军人的利益。这与该条特殊保护军人婚姻的立法意图不相符。

2. 现役军人向非军人主动提出离婚的，不适用本条的规定，应按一般离婚纠纷处理。

（三）现役军人的配偶提出离婚，现役军人不同意的处理

如果婚姻基础和婚后感情都比较好，人民法院应配合现役军人所在单位对军人的配偶进行说服教育，劝其珍惜与军人的

婚姻关系，正确对待婚姻问题，尽量调解和好或判决不予离婚。但是，如果感情确已破裂，确实无法继续维持夫妻关系，经调解无效，人民法院应当通过军人所在单位的政治机关，向军人做好工作，经其同意后，始得准予离婚。

（四）应当征得军人同意的例外情况

“但是军人一方有重大过错的除外”，是针对“应当征得军人同意”而说。“应当征得军人同意”不是绝对的，如果夫妻感情破裂是由于军人一方的重大过错造成的，非军人配偶一方也可以提出离婚，但过错限定在重大过错而非一般的过错。

三、本条规定与离婚法定理由的关系

本法第1079条第2款规定：“……如果感情确已破裂，调解无效的，应当准予离婚。”这一规定的法律意义在于：夫妻感情是否确已破裂，是判决准予或不准予离婚的原则界限。法定离婚理由属于普通条款的范畴，这一原则界限广泛适用于一般的离婚案件，人民法院应准确地区分和认定夫妻感情是否确已破裂，从而在调解无效的情况下，通过判决的形式决定是否准予离婚。而本条是只适用于“现役军人的配偶要求离婚”案件的特别条款，是从维护军队稳定的大局出发，作出的对军人婚姻的特殊保护的规定，在处理非军人要求与军人离婚的诉讼案件中，应首先适用本条的规定。

第一千零八十二条　女方在怀孕期间、分娩后一年内或者终止妊娠后六个月内，男方不得提出离婚；但是，女方提出离婚或者人民法院认为确有必要受理男方离婚请求的除外。

❖ 条文主旨 ❖

本条是关于男方离婚请求权的限制性规定。

❖ 条文解读 ❖

本条规定是对保护妇女、儿童身心健康的特别规定，它在一定条件下限制了男方提出离婚的请求权。女方怀孕期间和分娩后 1 年内或者终止妊娠后 6 个月内，身心都处在康复、调理、休养期，为特殊时期，属于特殊情况。一方面胎儿或婴儿正处在发育阶段，正需要父母的合力抚育；另一方面妇女也需要身心的康复，如果此时男方提出离婚请求，对妇女的精神刺激过重，既影响妇女的身体健康，也不利于胎儿或婴儿的保育。在上述期间内禁止男方提出离婚，不仅出于事实上的需要，也是社会主义道德的要求。法律不仅要保护胎儿和婴儿，同时也要保护妇女的权益。为了保护胎儿、婴儿和妇女的身心健康、维护妇女和子女的正当利益，法律禁止男方在女方怀孕期间、分娩后 1 年内或者终止妊娠后 6 个月内提出离婚请求是完全必要的。故本条规定女方在怀孕期间、分娩后 1 年内或者终止妊娠后 6 个月内，男方不得提出离婚；但是，女方提出离婚或者人民法院认为确有必要受理男方离婚请求的除外。

本条规定限制的主体是男方，而不是女方；限制的是男方在一定期限内的起诉权，而不是否定和剥夺男方的起诉权，只是推迟了男方提出离婚的时间，并不涉及准予离婚与不准予离婚的实体性问题。也就是说，只是对男方离婚请求权暂时性的限制，超过法律规定的期限，不再适用此规定。但是，男方在此期间并不是绝对的没有离婚请求权，法律还有例外规定，即人民法院认为“确有必要”的，也可以根据具体情况受理男方的离婚请求。所谓“确有必要”，一般是指比本条特别保护利益更为重要的利益需要关注的情形。“确有必要”受理男方离婚请求的案例是非常少的，哪些情形“确有必要”受理，由人民法院认定。

在本条中，法律还规定了另一种例外情形，即在此期间，女方提出离婚的，不受此规定的限制。女方自愿放弃法律对其的特殊保护，说明其本人对离婚已有思想准备，对此，法院应当根据当事人婚姻的实际情况判定是否准予离婚。

第一千零八十三条　离婚后，男女双方自愿恢复婚姻关系的，应当到婚姻登记机关重新进行结婚登记。

❖ 条文主旨 ❖

本条是关于复婚的规定。

❖ 条文解读 ❖

复婚，是指离了婚的男女重新和好，再次登记结婚，恢复婚姻关系。男女双方离婚后又自愿复婚，可以通过办理恢复结婚登记，重新恢复夫妻关系。《婚姻登记条例》第 14 条规定，离婚的男女双方自愿恢复夫妻关系的，应当到婚姻登记机关办理复婚登记。复婚登记适用本条例结婚登记的规定。即复婚登记手续与结婚登记手续一致，男女双方应当亲自到一方户籍所在地的婚姻登记机关申请复婚登记。在办理复婚登记时，应提交离婚证，以备婚姻登记机关审查。婚姻登记机关按照结婚登记程序办理复婚登记。在办理复婚登记时，应当收回双方当事人的离婚证后，重新发给结婚证。收回离婚证的目的，是防止当事人重婚。对于复婚的当事人一般不再要求进行婚前健康检查。

第一千零八十四条　父母与子女间的关系，不因父母离婚而消除。离婚后，子女无论由父或者母直接抚养，仍是父母双方的子女。

离婚后，父母对于子女仍有抚养、教育、保护的权利和义务。

离婚后，不满两周岁的子女，以由母亲直接抚养为原则。已满两周岁的子女，父母双方对抚养问题协议不成的，由人民法院根据双方的具体情况，按照最有利于未成年子女的原则判决。子女已满八周岁的，应当尊重其真实意愿。

❖ 条文主旨 ❖

本条是关于离婚对父母子女关系的影响及离婚后的子女抚养的规定。

❖ 条文解读 ❖

一、离婚后父母与子女的关系

婚姻关系的解除，只是夫妻双方的基于婚姻而存在的人身关系和财产关系归于消灭，但父母与子女之间存有的血亲关系不因父母离婚而消除。为了子女的合法利益，不致因父母离婚而受到损害，本条第1款规定："父母与子女间的关系，不因父母离婚而消除。离婚后，子女无论由父或者母直接抚养，仍是父母双方的子女。"这是离婚后父母子女身份关系在法律上的基本界定。

夫妻关系和父母子女关系是两种不同性质的关系。夫妻关系是男女两性基于自愿而结成的婚姻关系，可依法律程序而成立，亦可依法律行为而消除；而父母子女关系是基于出生事实而形成的自然血亲关系，不能人为解除。离婚后，子女无论随父母哪一方生活，仍是父母双方的子女，本法关于父母子女权利义务的规定仍然适用，不能因父母离婚而受到影响。

二、离婚后父母对女子的权利义务

父母离婚后，父母与子女间的关系，不因父母离婚而消除，子女仍是父母双方的子女。那么，离婚后父母对女子有哪些权利与义务呢，对此本条第2款作了规定“离婚后，父母对于子女仍有抚养、教育、保护的权利和义务”。依据本款规定，离婚后父母对未成年子女有抚养、教育和保护的权利与义务，主要包括进行生活上的照料，保障未成年人接受义务教育，以适当的方式、方法管理和教育未成年人，保护未成年人的人身、财产不受到侵害，促进未成年人的身心健康发展等。实际生活中，父母还可以按照本法婚姻家庭编的有关规定、未成年人保护法等法律的有关规定行使对子女的抚养、教育、保护的权利，履行对抚养、教育、保护的义务。

三、离婚后父母对子女的直接抚养

离婚虽然不能消除父母与子女之间的关系，但父母对子女的抚养方式却会因离婚而发生变化，即由父母双方共同抚养子女变成由父或者母一方直接抚养子女。现实中，离婚时“争养”或“推养”子女的纠纷比较多。有的夫或妻把子女当成“命根子”，非要直接抚养子女不可，并以此作为离婚的前提条件；有的则把直接抚养子女作为“包袱”或再婚的障碍，都不愿抚养，由此而闹得你死我活，甚至出现有的当事人把子女丢在法院或留在双方的单位、有关组织暂时代养等情况。为便于确定夫妻离婚后子女由哪方直接抚养，本条第3款规定：“离婚后，不满两周岁的子女，以由母亲直接抚养为原则。已满两周岁的子女，父母双方对抚养问题协议不成的，由人民法院根据双方的具体情况，按照最有利于未成年子女的原则判决。子女已满八周岁的，应当尊重其真实意愿。”这一规定是从有利于保护未成年人权益、保障子女合法权益角度出发，有利于子女身心健康，结合父母双方的抚养能力和抚养条件，结合审判实践等具体情况，对离婚后的子女直接抚养问题作出的具体规定。

（一）确定子女直接抚养主体的基本考量

有利于子女身心健康，保障子女合法权益，儿童利益最大化的原则，是贯穿于本法的基本原则，也是处理离婚后子女直接抚养归属问题的出发点。在此前提下，再结合父母双方的抚养能力和抚养条件等具体情况妥善解决。对离婚后的子女直接抚养问题要考虑以下几个方面情况：

1. 应考虑父母双方的个人素质、对子女的责任感、家庭环境、父母与子女的感情等因素。

2. 应考虑不能生育和再婚有困难的父或母的合理要求。

3. 在双方的各种条件都基本相同的情况下，原则上由经济能力较强的一方抚养。

（二）确定子女抚养的具体办法

1. 对不满 2 周岁子女的抚养。本条规定，“离婚后，不满两周岁的子女，以由母亲直接抚养为原则”。这是因为不满 2 周岁的子女多数还在母乳喂养期。用母乳哺养，对婴儿的生长发育最为有利。从婴儿的生长发育的利益考虑，夫妻离婚后，凡是正处于用母乳喂养阶段的子女，应由母亲直接抚养。现实生活中，也有一些孩子出生后，是不用母乳喂养的；还有一些孩子由于各种原因很早就断了母乳喂养。对于这样的情况，当夫妻离婚时，如何判定孩子的抚养归属？司法实践中审判人员通常掌握的标准是以 2 周岁为界线。2 周岁以下的子女，一般裁决随母亲生活，由母亲直接抚养。因为 2 周岁以下的子女年纪太小，抚养起来较为复杂、麻烦，宜由细心、耐心的人直接抚养比较好；2 周岁以下的子女表达能力很差，而孩子是从母亲体内生出，母亲与孩子有着一种天然的联系与感觉，此时期孩子由母亲直接抚养为宜。立法部门在广泛听取了各方面意见的基础上，充分借鉴了司法实践的经验，作出了“离婚后，不满两周岁的子女，以由母亲直接抚养为原则”的规定。但是，这一原则也不是一成不变的，《最高人民法院关于适用〈中华人民共和国民法典〉婚姻家庭编的解释（一）》第44条就规定：“母亲有下列情形之一，父亲请求直接抚养的，人民法院应予支持：（一）患有久治不愈的传染性疾病或者其他严重疾病，子女不宜与其共同生活；（二）有抚养条件不尽抚养义务，而父亲要求子女随其生活；（三）因其他原因，子女确不宜随母亲生活。”

2. 2周岁以上未成年子女的抚养。本条规定，“已满两周岁的子女，父母双方对抚养问题协议不成的，由人民法院根据双方的具体情况，按照最有利于未成年子女的原则判决”。夫妻离婚后，对2周岁以上的未成年子女，由父亲还是母亲直接抚养，首先应由父母双方协议决定。当父母双方对由谁直接抚养未成年子女发生争议时，法院应当进行调解，尽可能争取当事人以协议方式解决。在当事人双方自愿、合法的前提下，协商决定：未成年子女由父亲直接抚养，或者由母方直接抚养，或者在有利于保护子女利益的前提下，由父母双方轮流抚养。对上述几种抚养方式，人民法院应予以支持。

如果当事人双方因子女抚养问题达不成协议时，法院应结合父母双方的抚养能力和抚养条件等具体情况，按照最有利于未成年子女的原则妥善地作出裁决。

3. 已满8周岁子女的抚养。本条规定：“子女已满八周岁的，应当尊重其真实意愿。”联合国《儿童权利公约》规定了对儿童自主意识的尊重，其第12条第1款规定，缔约国应确保有主见能力的儿童有权对影响到其本人的一切事项自由发表自己的意见，对儿童的意见应按照其年龄和成熟程度给以适当的看待。未成年人保护法落实了《儿童权利公约》的这一原则。未成年人保护法第 14 条规定，父母或者其他监护人应当根据未成年人的年龄和智力发展状况，在作出与未成年人权益有关的决定时告知其本人，并听取他们的意见。本法总则编第 35 条第 2 款吸收了《儿童权利公约》和未成年人保护法规定的精神，将尊重未成年人的真实意愿作为监护人履行监护职责的基本原则之一。该款明确规定："未成年人的监护人履行监护职责，在作出与被监护人利益有关的决定时，应当根据被监护人的年龄和智力状况，尊重被监护人的真实意愿。"未成年人抚养权的确定，与其自身权益密切相关，在实践中确定由谁来抚养子女，更应当尊重子女的真实意愿，以更有利于未成年人的健康成长。已满 8 周岁的子女属于限制民事行为能力人，已有一定的自主意识和认知能力，因此，本条明确规定子女已满 8 周岁的，应当尊重其真实意愿。在离婚时，不管是父母协商确定由谁抚养，还是人民法院判决决定，都要事先听取 8 周岁以上子女的意见，在子女提出自己的意见后，再根据其年龄、社会经验、认知能力和判断能力等，探求、尊重其真实的意愿。

❖ 案例分析 ❖

原告周某甲与被告李某抚养费纠纷一案中，原告诉称，原告系周某乙与被告李某婚生子。其母亲周某乙和被告于 2015 年 12 月 25 日在洋县民政局登记结婚，2016 年 9 月 13 日生育周某。2018 年 7 月 6 日，因其母亲周某乙与被告李某之间夫妻感情彻底破裂，无和好可能，经双方协商达成一致意见，其母亲周某乙与被告李某自愿离婚，并依法登记领取离婚证。其母亲周某乙与被告李某达成《自愿离婚协议书》，约定："婚生子周某甲，现年 2 岁，由女方监护抚养，抚养费的约定：由男方每月 30 日前给孩子抚养费 1100.00 元（大写：壹仟壹佰圆整)，直到18周岁止。”其母亲周某乙与被告李某离婚后，被告不履行约定，至今未给付其任何抚养费。其与其母亲多次向被告索要，被告均以没有钱为由拒绝支付抚养费。现诉至法院，请求人民法院依法判令被告一次性支付原告抚养费，并承担本案诉讼费。被告李某辩称，其与原告之母周某乙于2015年12月25日登记结婚，约定男到女家，2016年9月13日生育周某。婚后共同在洋县泰华苑购买了一套商品房，其每月偿还房贷，因偿还房贷家庭经济困难，其与周某乙产生感情问题。2018年7月6日其与周某乙因感情破裂在洋县民政局办理了离婚登记。离婚协议约定：“婚生子即本案原告由女方周某乙抚育，其每月30日前给孩子1100元抚育费。”但是其与周某乙离婚后，其收入情况发生了巨大变化，因其原务工单位裁员将其辞退，其在浙商银行、支付宝借呗、花呗平台贷款9万余元做生意，均以失败告终。到目前为止，其还欠浙商银行、支付宝借呗、花呗平台本息107981.24元。尽管其债务缠身，离婚后其分别于2018年9月13日、12月30日给周某乙转账两次共4000元作为周某的抚育费。其目前已无经济能力按照离婚时约定的每月1100元标准给付原告抚养费，请求人民法院按照法律规定的抚养费支付标准，结合当地实际情况裁判，同时其请求按份分割其与周某乙婚姻存续期间家庭共同在洋县泰华苑小区购买的商品房。

法院认为，父母与子女的关系，不因父母离婚而消除。离婚后，父母对于子女仍有抚养和教育的权利和义务。虽然原告之母周某乙与被告解除婚姻关系，但双方仍应对婚生子承担抚养义务。且双方离婚时自愿达成协议书，对婚生子周某甲的抚养权及抚养费用作了具体约定，协议内容符合法律规定，对双方具有法律效力。被告李某应履行《自愿离婚协议书》内容，按照每月1100元的标准承担原告抚养费。故对原告请求被告承担抚养费的请求，本院予以支持。对被告辩解其目前工作变故，做生意负有债务，其没有能力按离婚协议履行支付原告抚养费，并要求予以变更的辩解意见，因被告未提供充分证据证实，对该辩解意见不予采纳；被告辩解其婚后家庭共同在洋县泰华苑小区购买了一套商品房，请求分割的诉求与本案并非同一法律关系，其可另行主张。故依据有关法律规定，判决如下：一、被告李某某于本判决生效后 20 日一次性支付原告周某甲 2018 年 7 月 6 日至 2020 年 12 月 30 日抚养费 29000 元。二、被告李某某每月支付原告周某甲子女抚养费人民币 1100 元，自 2020 年 12 月 1 日起至原告周某甲年满 18 周岁时止，每年的 1 月 30 日前给付当年抚养费。三、驳回原、被告其他请求。

第一千零八十五条　离婚后，子女由一方直接抚养的，另一方应当负担部分或者全部抚养费。负担费用的多少和期限的长短，由双方协议；协议不成的，由人民法院判决。

前款规定的协议或者判决，不妨碍子女在必要时向父母任何一方提出超过协议或者判决原定数额的合理要求。

❖ 条文主旨 ❖

本条是关于离婚后子女抚养费负担的规定。

❖ 条文解读 ❖

夫妻离婚后，父母与子女间的关系，不因父母离婚而消除，父母对于子女仍有抚养、教育的权利和义务。因此，离婚后的夫妻双方都有平等地负担子女生活费和教育费的经济责任。这是法律规定父母对未成年子女的抚养和抚养费负担的强制性的、无条件的、双方平等的义务，当事人都应当自觉遵照执行。至于其经济负担数额和期限等问题，应从子女的实际需要和父母双方所能负担的能力量力而定，合理解决。

一、抚养费的范围

抚养费应当包括：生活费、教育费和医疗费等。子女无论由母亲还是由父亲抚养，另一方都应负担必要的抚养费。根据《最高人民法院关于适用〈中华人民共和国民法典〉婚姻家庭编的解释（一）》第42条规定，抚养费包括子女生活费、教育费、医疗费等费用。

二、抚养费给付的一般原则

抚养费如何给付应当首先由父母双方协议，或者经人民法院调解，当事人达成协议的，按照协议确定。但人民法院对于父母双方协议约定子女随一方生活并由抚养方负担子女全部抚养费的，应当进行审查。如经查实，抚养方的抚养能力明显不能保障子女所需费用，可能影响子女健康成长的，应不予准许此项协议。现实中有的夫妻为了达成离婚的目的，有的为了争取子女由自己抚养，往往不惜在子女抚养费方面向对方作出让步。但是，父母承担子女的抚养费，这是父母的义务，是子女的权利。父母一方在子女抚养费问题上向另一方作出不适当让步，损害的是子女的合法权益。人民法院为保护子女的合法权益，对于此种损害子女合法权益的协议，自然不能准许。

离婚的夫妻对子女的抚养费数额达不成协议的，由法院判决，无论是协议还是判决，既要考虑子女的实际需要，也要考虑父或母给付的实际能力。至于实际需要的数额，一般应参照当地群众的生活水平，居住在城市的子女的抚养费，一般应比居住在农村的高一些。具体问题的解决，实践中应当掌握以下几个问题：

（一）抚养费的数额

《最高人民法院关于适用〈中华人民共和国民法典〉婚姻家庭编的解释（一）》第49条规定："抚养费的数额，可以根据子女的实际需要、父母双方的负担能力和当地的实际生活水平确定。有固定收入的，抚养费一般可以按其月总收入的百分之二十至三十的比例给付。负担两个以上子女抚养费的，比例可以适当提高，但一般不得超过月总收入的百分之五十。无固定收入的，抚养费的数额可以依据当年总收入或者同行业平均收入，参照上述比例确定。有特殊情况的，可以适当提高或者降低上述比例。"

（二）抚养费的给付方法

可依父母的职业情况而定，原则上应定期给付。通常，有工资收入的，应按月或定期给付现金，农民可按收益季度或年度给付现金、实物。有条件的也可以一次性给付，但对于一方要求一次性给付的要慎重处理，确有必要采取一次性给付的，要注意掌握条件。

（三）抚养费的给付期限

父母抚养费的给付截止到什么时间？是到孩子18周岁成人为止呢，还是到子女独立生活？独立生活的界限如何掌握？本法总则编中规定，18周岁以上的自然人为成年人。成年人为完全民事行为能力人，可以独立实施民事法律行为。不满18周岁的自然人为未成年人。16周岁以上未成年人，以自己的劳动收入为主要生活来源的，视为完全民事行为能力人。本法第26条第1款规定："父母对未成年子女负有抚养、教育和保护的义务。"第1067条第1款规定："父母不履行抚养义务的，未成年子女或者不能独立生活的成年子女，有要求父母给付抚养费的权利。"义务教育法规定，国家、社会、家长必须为未成年人完成九年义务教育负有责任，至于九年以后的教育，父母就没有必然的义务支付学费。《最高人民法院关于适用〈中华人民共和国民法典〉婚姻家庭编的解释（一）》第41条规定，尚在校接受高中及其以下学历教育，或者丧失、部分丧失劳动能力等非因主观原因而无法维持正常生活的成年子女，可以认定为民法典第1067条规定的“不能独立生活的成年子女”。

法律没有对抚养费的给付期限作硬性规定，实践中应根据具体情况个案处理。法院可依据上述法律和司法解释的规定酌情确定。

（四）抚养费的变更

无论是登记离婚还是判决离婚，其给付子女抚养费的数额，一般是根据父母离婚的当时，子女所需的必要费用和给付者的经济能力而确定的。但随着社会经济的发展以及人们的具体情况的不断变化，不仅每个人的经济状况有时会随着社会的变化而变化，而且，随着人们对物质生活要求的提高，以及消费水平的增长，子女在各方面的需求，使得原抚养费的数额也要随之有所变化。因此，法律赋予子女可根据实际情况向父母任何一方提出超过原定数额的要求，也就是抚养费数额在一定条件下是可以变更的。子女生活费和教育费无论是在协议离婚时达成的还是由法院判决的，都不妨碍子女在必要时向父母任何一方提出增加数额的合理要求。至于费用是否增加，增加多少，不能仅凭子女单方面的要求而确定，应经相应的程序予以解决。其程序可由子女与父母协议解决，协议不成的，可由法院依诉讼程序处理。对此，本条第2款作了明确规定，关于子女抚养费的协议或者判决，不妨碍子女在必要时向父母任何一方提出超过协议或者判决原定数额的合理要求。

❖ 案例分析 ❖

原告刘某与被告赵某抚养费纠纷一案中，原告诉称，原告系被告亲生儿子。2018 年 5 月，被告与原告代理人经营口市站前区人民法院判决，原告由父亲抚养，被告每月支付抚养费 600 元，该抚养费在当时也仅够维持。但随着近年物价的逐年增高，原告因生病及上学生活开支的需要，每月 600 元的抚养费早已不够，而原告生父的收入有限，一直未再婚，独自承担原告的抚养费用非常困难，被告虽有较高的经济收入，但基于与生父的关系恶化，拒不增加抚养费用。为维护原告的合法权益，其生父特诉至人民法院，请求支持原告的诉讼请求。被告辩称，被告因之前与原告的生父有感情纠葛，身体和心理均受到巨大的创伤，现疾病缠身，无法劳动，一直靠借钱与父母救济维持生计，之前的抚养费都是勉强在负担。2018 年 8 月，营口市站前区人民法院的判决事实清楚，证据确实充分，现原告没有举出任何证据证明被告收入增加，因此请求驳回原告的诉讼请求。

法院认为，父母对子女有抚养和教育的权利和义务，一方抚养子女，另一方应承担必要的生活费。在本案中应考虑随着生活水平的不断提高，物价逐年上涨的因素，因此，原告要求增加抚养费的要求应予以支持。但是原告要求每月 1500 元抚养费，明显超出被告现在的经济状况，结合本案被告的经济状况，抚养费每月适当增加 200 元。根据有关法律规定，判决如下：被告赵某每月给付非婚生子刘某抚养费 800 元，从判决生效之日起至非婚生子刘某年满 18 周岁时止。

第一千零八十六条　离婚后，不直接抚养子女的父或者母，有探望子女的权利，另一方有协助的义务。

行使探望权利的方式、时间由当事人协议；协议不成的，由人民法院判决。

父或者母探望子女，不利于子女身心健康的，由人民法院依法中止探望；中止的事由消失后，应当恢复探望。

❖ 条文主旨 ❖

本条是关于离婚后不直接抚养子女的父母一方探望子女权利的规定。

❖ 条文解读 ❖

探望子女的权利是亲权的一项内容。婚姻家庭中的亲权是以主体间特定的亲属身份为发生依据的，父母婚姻关系的终结并不改变父母与子女的血缘身份关系。对此，本法第 1084 条规定："父母与子女间的关系，不因父母离婚而消除。离婚后，子女无论由父或者母直接抚养，仍是父母双方的子女。离婚后，父母对于子女仍有抚养、教育、保护的权利和义务。离婚后，不满两周岁的子女，以由母亲直接抚养为原则。已满两周岁的子女，父母双方对抚养问题协议不成的，由人民法院根据双方的具体情况，按照最有利于未成年子女的原则判决……"这一规定明确了父母与子女间的关系，不因父母离婚而消除。离婚后，子女无论由父或母直接抚养，仍是父母双方的子女。离婚后父母对于子女仍有抚养、教育和保护的权利和义务。

为了便于离婚后不直接抚养子女的父或者母行使对子女抚养、教育、保护的权利，履行对子女抚养、教育和保护的义务，本条第 1 款赋予了父或者母对子女探望的权利，即离婚后，不直接抚养子女的父或者母，有探望子女的权利。通常情况下，探望权在夫妻协议离婚或者诉讼离婚时一并解决确定。

如果夫妻在离婚时对探望权未作明确约定，或者法院没有明确作出判决，那么，当事人可以就探望权问题单独提起诉讼。对此，《最高人民法院关于适用〈中华人民共和国民法典〉婚姻家庭编的解释（一）》第65条规定："人民法院作出的生效的离婚判决中未涉及探望权，当事人就探望权问题单独提起诉讼的，人民法院应予受理。"为了保证不直接抚养子女的父或者母行使好探望子女的权利，本条第1款同时还规定另一方有协助的义务。例如，人民法院判决不直接抚养子女的一方每周六下午陪伴子女。那么，直接抚养子女的一方则有义务在规定的时间内，将子女安全地送到双方指定或者法院判决确定的地点，交由不直接抚养子女的一方照看半天，由此实现不直接抚养子女的一方对子女的探望。

行使探望权利的方式、时间、地点等通常宜由当事人协议确定。双方不应囿于夫妻离异后的冲突纷争，应从有利于子女健康成长的角度出发，对探望的时间、探望的方式、探望的地点、探望期间双方对子女的安排等作出协商。当双方无法就诸上事宜达成一致时，尤其在直接抚养子女的一方无故拒绝不直接抚养子女的一方探望子女时，享有探望权的一方可依民事诉讼法的有关规定提起诉讼，请求人民法院作出判决。对此，本条第2款规定行使探望权利的方式、时间由当事人协议；协议不成的，由人民法院判决。在草案征求意见中，有意见认为由人民法院对探望纠纷作出判决，在司法实践中难以执行；提出的建议是，如果直接抚养子女的一方不允许非直接抚养子女的一方探望子女，非直接抚养子女的一方可以申请法院变更抚养关系。反对意见认为，直接抚养子女的一方不允许非直接抚养子女的一方探望子女并不能当然导致直接抚养关系的变更。探望权的设立是兼顾了父母和子女双方的权利，直接抚养权的判决则主要考虑的是子女身心健康的发展和未成年人合法权益的保障，它强调的是父母的义务而非权利。如果不存在直接抚养子女的一方无力抚养子女，或判其直接抚养子女会不利于子女身心健康发展的情形，即使直接抚养子女的一方拒不履行协助义务令对方不能探望子女，法院也不能当然判决直接抚养关系的变更，因为直接抚养关系变更的出发点不是父母权利的满足而是子女合法权益的保障。对拒不执行探望子女等判决或裁定的如何处理，婚姻法第 48 条作出明确规定，对拒不执行有关扶养费、抚养费、赡养费、财产分割、遗产继承、探望子女等判决或裁定的，由人民法院依法强制执行。有关个人和单位应负协助执行的责任。编纂民法典时考虑这一内容主要涉及的是执行问题，是对民事判决的执行，不是婚姻家庭编调整的对象，属于程序法调整的内容，故在民法典中没有规定。

本条第 3 款规定了对探望权的限制。父或者母探望子女，不利于子女身心健康的，由人民法院依法中止探望。不直接抚养子女的父母一方的探望权，只有在特殊的情况下才能被加以限制。这种特殊情况主要是指探望有可能不利于子女的身心健康，如父母一方患精神疾病、传染性疾病，有吸毒等行为或对子女有暴力行为、骚扰行为等。当一方以探望子女为由，教唆、胁迫、引诱未成年子女实施不良行为则足以构成不利于子女身心健康的要件，可由人民法院依法中止其探望的权利。当不利于子女身心健康的情形消除后，非直接抚养子女的一方原享有的探望权利应可恢复。对此本条第 3 款规定，中止的事由消失后，应当恢复探望。无论是探望权利的中止或者恢复，都应由权利人主张，具体程序由人民法院根据民事诉讼法的相关规定处理。《最高人民法院关于适用〈中华人民共和国民法典〉婚姻家庭编的解释（一）》第 66 条规定，当事人在履行生效判决、裁定或者调解书的过程中，一方请求中止探望的，人民法院在征询双方当事人意见后，认为需要中止行使探望的，依法作出裁定；中止探望的情形消失后，人民法院应当根据当事人的请求书面通知其恢复探望。第 67 条规定，未成年子女、直接抚养子女的父或母及其他对未成年子女负担抚养、教育、保护义务的法定监护人，有权向人民法院提出中止探望的请求。

第一千零八十七条　离婚时，夫妻的共同财产由双方协议处理；协议不成的，由人民法院根据财产的具体情况，按照照顾子女、女方和无过错方权益的原则判决。

对夫或者妻在家庭土地承包经营中享有的权益等，应当依法予以保护。

❖ 条文主旨 ❖

本条是有关离婚时对夫妻共同财产分割的规定。

❖ 条文解读 ❖

离婚时对夫妻的共同财产进行分割是离婚所产生的法律后果之一。法律允许夫妻双方在离婚时就财产问题自行协商处理。对于不能协商或者未达成协议的，本条规定由法院根据财产的具体情况，按照照顾子女、女方和无过错方权益的原则判决。法院按这一原则判决夫妻财产的前提是财产是夫妻共同所有的财产。如果财产分别是夫妻的个人财产，则不能用本条的规定进行分割，作出判决。不同财产制下共同财产的范围不同，在分割、判决前首先应对财产的性质作出界定。

在分清个人财产、夫妻共同财产的前提下，法院应根据财产的具体情况，按照照顾子女、女方和无过错方权益的原则，公平公正地分割夫妻共同财产。

在大多数情况下，夫妻离婚，家庭成员中未成年子女是不幸婚姻的最大受害者。因此，本条在规定分割夫妻共同财产时，特别强调了对子女权益的保障，将其作为分割夫妻共同财产时优先考虑的因素，将按照照顾子女权益的原则进行判决放在了首位。

在分割夫妻共同财产时，是否要考虑照顾无过错方的利益呢?《最高人民法院关于人民法院审理离婚案件处理财产分割问题的若干具体意见》（已失效）中规定，人民法院审理离婚案件对夫妻共同财产的处理，应坚持照顾无过错方的原则。2001 年修改婚姻法时，没有对分割夫妻共同财产按照照顾无过错方的原则进行判决作出规定。这主要是由于在 2001 年修改婚姻法时，为了保护婚姻关系中的无过错方，新增加了离婚损害赔偿制度，即婚姻法第 46 条的规定：有下列情形之一，导致离婚的，无过错方有权请求损害赔偿：（1）重婚的；（2）有配偶者与他人同居的；（3）实施家庭暴力的；（4）虐待、遗弃家庭成员的。离婚过错赔偿方式通常分为两类：一是在夫妻共同财产分割中，向无过错方多分财产；二是在夫妻财产归各自所有，或共有财产不足以补偿的情况下，过错方以自己的财产向无过错方作出补偿。2001 年修改婚姻法时，考虑到已经新增加了后一种离婚过错赔偿方式，加重了对婚姻中无过错方的保护，在分割夫妻共同财产时，可以暂先不考虑增加照顾无过错方利益的原则。

在民法典编纂征求意见中，有的意见提出，现实生活中因过错方导致的离婚情况较为突出。婚姻解体给家庭、子女、社会都带来不利的影响，建议加大对婚姻中过错方的惩罚力度，除规定离婚过错方的赔偿外，在判决分割夫妻共同财产时还应加大对无过错方的保护，这也是当前审判实践的做法。立法部门采纳了这一建议，将婚姻法规定的“离婚时，夫妻的共同财产由双方协议处理；协议不成时，由人民法院根据财产的具体情况，照顾子女和女方权益的原则判决”修改为“离婚时，夫妻的共同财产由双方协议处理；协议不成的，由人民法院根据财产的具体情况，按照照顾子女、女方和无过错方权益的原则判决”，增加了按照照顾无过错方权益的原则分割判决夫妻共同财产。

根据本条的规定，人民法院在分割夫妻共同财产时，既要考虑照顾子女权益和女方权益，也要兼顾无过错方的权益，三者缺一不可。司法实践中，多数女方权益与无过错权益是一致的，但是也有不一致的情况，法官要具体问题具体分析判决。

在农村，夫妻共同财产的分割主要涉及房屋、承包的土地、果园等。妇女权益保障法第 32 条规定，妇女在农村土地承包经营、集体经济组织收益分配、土地征收或者征用补偿费使用以及宅基地使用等方面，享有与男子平等的权利。第 33 条第 1 款规定，任何组织和个人不得以妇女未婚、结婚、离婚、丧偶等为由，侵害妇女在农村集体经济组织中的各项权益。农村地区，土地、果园大部分实行家庭联产承包责任制，每个家庭承包的面积是根据家庭人口按本村人均面积分配的，因此，女方在土地承包上同样享有承包经营权。但是，中国的婚姻习俗多数是女方落户到男方，承包土地多数以男方为户主名义承包，双方一旦离婚，女方的承包经营权难以保障。因此本条第 2 款规定，对夫或者妻在家庭土地承包经营中享有的权益等，应当依法予以保护。

第一千零八十八条　夫妻一方因抚育子女、照料老年人、协助另一方工作等负担较多义务的，离婚时有权向另一方请求补偿，另一方应当给予补偿。具体办法由双方协议；协议不成的，由人民法院判决。

❖ 条文主旨 ❖

本条是对承担较多家务劳动的一方在离婚时享有经济补偿权利的规定。

❖ 条文解读 ❖

本条的规定实质上是对家务劳动价值的认可，使经济地位较弱而承担较多家务劳动的一方（大多为女性）在离婚时享有经济上的补偿。

本条规定是遵循权利和义务对等的原则作出的。只有在一方为婚姻共同体尽了较多义务，如抚养子女、照料老人、协助另一方工作的情况下才可向对方请求补偿。夫妻离婚时，一方对承担较多家务劳动的另一方给予经济补偿，首先应当由要求离婚的夫妻自行协商确定，这种协商可以是在协议离婚时确定，也可以在诉讼离婚中确定。如果在协议离婚时双方达成了一致的协议，则可以向婚姻登记部门提交。婚姻登记部门查明确属自愿，且不违反法律规定的，给予离婚登记，双方应自觉履行协议。在诉讼离婚中，双方对离婚补偿达成一致意见，交由法院以调解书或者判决书的形式予以确认。如果双方达不成协议，人民法院则依据本条的规定进行判决确定。

第一千零八十九条　离婚时，夫妻共同债务应当共同偿还。共同财产不足清偿或者财产归各自所有的，由双方协议清偿；协议不成的，由人民法院判决。

❖ 条文主旨 ❖

本条是有关离婚时夫妻共同债务清偿的规定。

❖ 条文解读 ❖

本法第1064条对夫妻共同债务的认定作出了明确规定。夫妻共同债务属于连带债务，对外夫妻双方应当依法对债权人承担连带清偿责任，但在内部夫妻双方应当如何确定清偿责任，本条对此作了明确规定。

根据本条规定，首先婚姻关系终结时，夫妻共同债务清偿应当遵循的原则是共同债务共同清偿。依法属于夫妻共同债务的，夫妻应当以共同财产共同偿还，这是一个基本原则。但是，如果夫妻共同财产不足致使不能清偿的，或者双方约定财产归各自所有的没有共同财产清偿的，夫妻双方对共同债务如何偿还以及清偿比例等，可以由双方当事人协商确定。如果双方协商不能达成一致意见的，由人民法院考虑双方当事人的具体情况依法判决确定。需要注意的是，不论是双方当事人协商确定，还是人民法院判决确定的清偿方式、清偿比例等内容，仅在离婚的双方当事人之间有效，对债权人是没有法律效力的，债权人可以依照本法第178条第1款“二人以上依法承担连带责任[①]的，权利人有权请求部分或者全部连带责任人承担责任”的规定来要求双方履行其债务。

第一千零九十条　离婚时，如果一方生活困难，有负担能力的另一方应当给予适当帮助。具体办法由双方协议；协议不成的，由人民法院判决。

① 连带责任：民事责任的一种，指根据法律规定或当事人有效约定，两个或两个以上的连带义务人都对不履行义务承担全部责任。

❖ 条文主旨 ❖

本条是有关离婚后，一方对生活困难的另一方给予适当经济帮助的规定。

❖ 条文解读 ❖

婚姻关系存续期间，夫妻双方有互相扶养的义务，一方不履行扶养义务时，需要扶养的一方有要求对方给付扶养费的权利。婚姻关系终结后，法律明确要求一方对生活困难的另一方从其个人财产中给予适当的帮助，实质是夫妻间扶养义务的延续。在传统的普通法制度中，结婚后，妻子在法律上的权利能力被剥夺而转移至丈夫身上，作为交换，丈夫有扶养和保护妻子的义务，妻子具有从事家务劳动以及为丈夫提供服务的义务。婚姻关系终结时，丈夫仍要对妻子尽扶养义务，这源于早期的普通法在离婚问题上采用过错原则，即离婚是由于一方犯了法律列举的异乎寻常的婚姻错误，要对无过错方进行法律救济，因此，妻子要求丈夫继续给付扶养费的条件是离婚是由丈夫的过错所致，且妻子为无过错一方。现代普通法制度中，多采用无过错离婚原则①，扶养费的过错作用已经降低，是否给付扶养费考虑最多的不再是给付方的过错，而是接受方的需要和给付方的支付能力。在婚姻关系终结时，除去财产分割外，给予生活困难的一方以金钱或财物的帮助，是对前配偶一方的扶助或资助。现代的配偶扶养是双向的，丈夫在妻子生活困难时有帮助的义务，妻子在丈夫需要时同样也有给付的义务，但实际上由于妇女的经济能力大多低于男性，尤其在农村，这种

---

① 无过错离婚原则：《中华人民共和国婚姻法》第 31 条关于自愿离婚的规定，“男女双方自愿离婚的，准予离婚”。该规定在婚姻法学上称为积极破裂主义离婚原则，又称无过错离婚原则。

差距更为明显，因此离婚时要求对方给予帮助的女性比例要远远大于男性。

当一个婚姻关系终结时（无论是协议离婚还是法院判决离婚），婚姻关系一经解除，丈夫和妻子在法律上相互扶助的权利义务已经消灭，双方没有互相扶养的义务，也没有共享婚姻财产的权利，除去可能因子女抚养而涉及子女生活费、教育费的给付以及探望权利的行使外，双方在法律上已无任何特殊的联系。但是，法律却规定在一方生活困难的情况下，有负担能力的另一方应当给予适当帮助，要求原本不承担义务的一方负担义务，原因何在呢？当一对男女结为合法夫妻，法律推定双方建立了一种相互信赖、相互扶助的特殊社会关系，夫妻关系存续期间，双方都为维持这个婚姻共同体作了努力，这其中包括个人的自我损失和自我牺牲；当婚姻关系终结时，若一方生活困难，法律则要求另一方尽到扶助的责任，将道德上的义务上升为法律，因为我们不能排除一方的生活困难可能是其在婚姻关系存续期间为了家庭利益而放弃个人发展机会所造成的。当然在这种情况下，离婚时，为家庭付出较多义务的一方可以依据本法第 1088 条的规定，请求另一方给予补偿。但是，离婚时的补偿与本条规定的困难帮助的内容有很大区别。离婚经济补偿只有当一方对婚姻承担了较多义务时，才有权提请。而本条关于困难帮助的适用条件则是无论夫妻哪一方是否对婚姻共同体尽了较多义务，作了较大贡献，只要在离婚时本人存在生活困难的情况，就可以向对方请求经济帮助。

当然，本条只是原则性规定，法院在判决时，还应考虑到以下几个问题：（1）生活困难的界定：一般认为，若一方离婚后分得的财产不足以维持其合理的生活需要，或者不能通过从事适当的工作维持其生活需要等，均可认为是生活困难的体现。（2）给予帮助的方式，法院应考虑双方的收入和财产，双方就业能力、子女抚养，婚姻期间的生活水平等因素，合理确定扶助的数额和方式。（3）需要说明的一点是，婚姻关系中的过错不应在考虑之列，意味着有过错的一方若存在生活困难的情形，也可要求无过错方给予适当经济帮助。

第一千零九十一条　有下列情形之一，导致离婚的，无过错方有权请求损害赔偿：

（一）重婚；

（二）与他人同居；

（三）实施家庭暴力；

（四）虐待、遗弃家庭成员；

（五）有其他重大过错。

❖ 条文主旨 ❖

本条是关于离婚时过错赔偿制度的规定。

❖ 条文解读 ❖

一、可以提起离婚损害赔偿的情形

因夫妻一方的过错致使婚姻关系破裂的，无过错方可以提起离婚损害赔偿的情形，婚姻法规定了四种情形：一是重婚；二是有配偶者与他人同居；三是实施家庭暴力；四是虐待、遗弃家庭成员。

在民法典婚姻家庭编征求意见时，有的意见提出，鉴于目前我国因过错方导致家庭破裂的离婚案件的增多，婚姻关系中的过错行为远不止上面所列举的几种情形，法律应当扩大离婚损害赔偿的情形，更好地发挥离婚损害赔偿制度的制裁、预防作用，促进婚姻关系的稳定；建议采取列举性规定与概括性规定相结合的立法方式规定离婚损害赔偿制度。对此，立法部门采纳了这一建议，在本条中增加了离婚损害赔偿的兜底条款，即第 5 项有其他重大过错的情形，将其他一些确实给对方造成严重损害的情形纳入损害赔偿范围，完善了离婚赔偿制度。

二、法院不能依职权判决离婚损害

本条虽然规定了离婚损害赔偿制度，但并不是说法院在审理离婚案件时必须审理及判决过错方对无过错方予以赔偿的。在离婚案件中无过错方对确实有过错的另一方是否行使赔偿请求权，由受损害的无过错方自行决定，法院不能主动判决离婚损害赔偿。

三、离婚损害赔偿的范围

离婚损害赔偿既应当包括过错方给无过错方造成的财产损害的赔偿，也应当包括过错方给无过错方造成的人身损害、精神损害的赔偿。人民法院应当根据过错方对无过错方造成的损害程度以及婚姻当事人的经济状况等判定赔偿数额。《最高人民法院关于适用〈中华人民共和国民法典〉婚姻家庭编的解释（一）》第 86 条规定，民法典第 1091 条规定的“损害赔偿”，包括物质损害赔偿和精神损害赔偿。涉及精神损害赔偿的，适用《最高人民法院关于确定民事侵权精神损害赔偿责任若干问题的解释》的有关规定。

第一千零九十二条　夫妻一方隐藏、转移、变卖、毁损、挥霍夫妻共同财产，或者伪造夫妻共同债务企图侵占另一方财产的，在离婚分割夫妻共同财产时，对该方可以少分或者不分。离婚后，另一方发现有上述行为的，可以向人民法院提起诉讼，请求再次分割夫妻共同财产。

❖ 条文主旨 ❖

本条是对夫妻一方擅自处分共同财产或伪造债务侵占另一方财产的法律责任的规定。

❖ 条文解读 ❖

实践中，夫妻一方有的实施了侵害夫妻共同财产或者侵占另一方财产的违法行为，对于这些违法行为，法律严格加以禁止。为保护另一方的合法权益，本条规定对其法律后果作了明确规定。

根据本条规定，夫妻一方实施的违法行为主要是两类。

一、侵害夫妻共同财产

夫妻共同财产从性质上说，属于共同共有。夫妻在婚姻关系存续期间，无论属于双方或一方的收入，无论各自收入的数量多少，也无论其中一方有无收入，夫妻作为共同生活的伴侣，对共同财产享有平等的所有权。对共同财产，夫妻双方均有依法占有、使用、收益和处分的权利。例如，妇女权益保障法就规定，妇女对依照法律规定的夫妻共同财产享有与其配偶平等的占有、使用、收益和处分的权利，不受双方收入状况的影响。在共有关系消灭之前，财产权利是一个整体，只有在婚姻关系消灭（离婚或一方死亡）或双方有特别约定时，才能对共同财产进行分割。

处分权是所有权的最高表现，如果没有平等的处分权，平等的所有权就是一句空话。所以，本法第 1062 条第 2 款规定，夫妻对共同财产，有平等的处理权。所谓平等的处理权，依照民法关于共同共有的原理，是指夫妻在处分共同财产时，应当平等协商，取得一致意见，任何一方不得违背他方的意志，擅自处理。特别是对共有财产作较大的变动时，如出卖、赠与等，更应征得他方的同意，否则就侵犯了另一方对共有财产的所有权。根据有关司法解释的规定，在共同共有关系存续期间，部分共有人擅自处分共有财产的，一般认定无效。如果对其他共有人造成损失，由擅自处分共有财产的人赔偿。

隐藏、转移、变卖、毁损、挥霍夫妻共同财产是侵害夫妻共同财产的客观表现。隐藏，是指将财产藏匿起来，不让他人发现，使另一方无法获知财产的所在从而无法控制。转移，是指私自将财产移往他处，或将资金取出移往其他账户，脱离另一方的掌握。变卖，是指将财产折价卖给他人。毁损，是指采用打碎、拆卸、涂抹等破坏性手段使物品失去原貌，失去或者部分失去原来具有的使用价值和价值。挥霍，是指对夫妻共有的财产没有目的的，不符合常理的耗费致使其不存在或者价值减损。上述违法行为，在主观上只能是故意的，不包括过失行为，如因不慎将某些共同财产毁坏，只要没有故意，不属于本条规定之列。夫妻一方如果实施了上述行为，就属于对夫妻共同财产的侵害。

二、侵占另一方财产

夫妻一方对属于自己个人的财产享有占有、使用、支配的权利。在不违背法律规定的情况下，可以依据自己个人的意愿处分自己的财产。但是本法第 1089 条规定，离婚时，夫妻共同债务应当共同偿还。共同财产不足清偿或者财产归各自所有的，由双方协议清偿；协议不成的，由人民法院判决。这一规定，意味着夫妻在离婚时，如果共同财产不足以清偿共同债务时，有可能以夫妻一方的个人财产来承担夫妻共同债务，具体数额由人民法院判决确定。对此，有的夫妻一方就有可能利用这一法律规定，伪造夫妻共同债务，企图侵占另一方财产。伪造债务，是指制造内容虚假的债务凭证，包括合同、欠条等。伪造债务是违法行为的客观表现。在主观上是故意，不是过失行为，是以侵占夫妻另一方财产为目的。只要夫妻一方实施伪造夫妻共同债务的行为，就属于对另一方财产的侵害。

对通过实施隐藏、转移、变卖、毁损、挥霍手段侵害夫妻共同财产的违法行为，对伪造夫妻共同债务企图侵占另一方财产的违法行为，本条规定，在离婚分割夫妻共同财产时，对该方可以少分或者不分。本条所讲的在离婚分割夫妻共同财产时，是指在离婚诉讼期间。

夫妻共同财产属于夫妻共同共有，依照民法共同共有的理论，原则上，在共同体解体时，对共同共有的财产应当均等分割。但是，由于夫妻中的一方存在有以隐藏、转移、变卖、毁损、挥霍手段侵害夫妻共同财产的违法行为，存在有伪造夫妻共同债务企图侵占另一方财产的违法行为，所以本条规定对实施上述违法行为的一方，在分割夫妻共同财产时，可以少分或不分。对他们少分或不分夫妻共同财产，是违法行为实施者理应承担的法律责任。需要说明的是，本条对少分的具体份额或比例以及在何种情况下可以不分、少分，没有作出明确规定，只是规定了“可以”少分或者不分。法院在审判实践中，应当根据违法行为的情节和案件的具体情况作出处理。该规定同本法规定的在分割共同财产时按照照顾子女、女方和无过错方权益的原则判决是否矛盾呢？照顾子女和女方权益原则的确定，是由我国目前广大妇女的经济能力和男子仍有一定差距的国情决定的，同时也是宪法关于保护妇女、儿童合法权益原则和我国社会主义制度优越性在婚姻法上的具体体现。在婚姻家庭生活中，无过错一方遵守法律规定，对另一方配偶尊重、关爱、忠实，对家庭成员关心帮助，尊老爱幼，为维护平等、和睦、文明的婚姻家庭作出了自己的努力和贡献。对这种合法的民事法律行为的主体法律必须要给予保护。当然，在现实生活中，也不排除有女方、无过错方实施本条所列举的违法行为的可能；如果出现，也应当依照本法、本条的规定处理。两者没有矛盾，并行不悖。

本条还对离婚后，即离婚案件已审理终结，人民法院对离婚双方有关财产分割的调解书、判决书已发生法律效力后，又发现一方有隐藏、转移、变卖、毁损、挥霍夫妻共同财产或者伪造夫妻共同债务侵占另一方财产行为的处理作了规定。即离婚后，另一方发现夫妻一方有上述违法行为的，可以向人民法院提起诉讼，请求再次分割夫妻共同财产。在离婚案件审理过程中，这部分共同财产由于被一方隐藏、转移、变卖、毁损、挥霍，或伪造债务所侵占而未能发现，因而法院也未能将其作为夫妻共同财产予以分割。夫妻共同财产是共同共有财产，任何一方未经另一方同意而擅自予以隐藏、转移、变卖、毁损、挥霍，或通过伪造债务等非法手段据为己有的，都是对另一方财产所有权的侵害，是一种民事侵权行为。另一方可以依据本条规定，向人民法院起诉，请求对这一部分财产进行再次分割。在分割时，关于对隐藏、转移、变卖、毁损、挥霍夫妻共同财产或伪造夫妻共同债务侵占另一方财产的可以少分或者不分的原则仍应适用。

第五章　收　　养

本章是关于收养的规定。收养是自然人依法领养他人子女为自己子女的法律行为。通过收养行为，原本没有父母子女关系的收养人与被收养人形成了法律上拟制的父母子女关系，被收养人与生父母及其亲属之间的关系则相应终止。收养作为形成父母子女关系的一种法律行为，本质上属于婚姻家庭制度的重要组成部分。但在本次民法典编纂之前，收养法一直以与婚姻法独立的单行法的形式存在着。现行收养法是 1991 年 12 月 29 日由七届全国人大常委会二十三次会议审议通过，并于 1992 年 4 月 1 日起施行的。1998 年 11 月 4 日，九届全国人大常委会五次会议对收养法作了修改。收养法施行以来，对于保护合法收养关系，维护收养关系当事人权利，保障被收养人的合法权益等发挥了重要作用。同时，随着收养实践的不断发展，收养法中的一些规定已经不能完全适应形势发展的要求，需要根据新情况、新问题对收养制度作出相应的修改完善。民法典编纂工作启动以来，根据法典编纂的统一要求，在婚姻法、收养法的基础上形成了婚姻家庭编，作为调整婚姻家庭关系的基本准则。编纂不是制定全新的法律，也不是简单的法律汇编，需要在现行法的基础上进行系统梳理，删除不合时宜的规定，根据实践发展的需要增加针对性的规定。因此，收养一章的主要内容仍以收养法为基础，但同时结合收养实践的发展需要，修改了部分规定，增加了一些新规定。主要的修改包括：进一步扩大了被收养人的范围；适当放宽了收养人条件及收养人数的要求；完善了无配偶者收养异性子女的年龄差限制等。这些修改体现了对收养发展趋势的回应，进一步彰显了遵循被收养人利益最大化的原则。与收养法六章、三十四条的体例、内容相比，婚姻家庭编收养一章保留了收养关系的成立、收养的效力及收养关系的解除三节，删除了总则、法律责任和附则三部分内容，条文数也调整为二十六条。尽管在条文数量上相比收养法有所减少，但在总条文数为七十九条的婚姻家庭编中，收养法的体量已颇为可观，其重要性不因条文的减少而下降。

第一节　收养关系的成立

第一千零九十三条　下列未成年人，可以被收养：

（一）丧失父母的孤儿；

（二）查找不到生父母的未成年人；

（三）生父母有特殊困难无力抚养的子女。

❖ 条文主旨 ❖

本条是关于被收养人条件的规定。

❖ 条文解读 ❖

收养是自然人领养他人子女为自己子女的一种法律行为，能够起到依法变更亲子关系、转移亲子间权利义务关系的法律效力。作为家庭制度的必要补充，养父母子女关系也属于亲子关系的重要类型之一。基于收养这一要式法律行为①的独特特点及其能够产生的独特法律效力，各国立法均对收养关系的成立有着程序及实体上的明确要求。这其中，被收养人与收养人应当具备哪些条件，无疑是最为重要的收养成立要件之一。不符合条件的被收养人与收养人，会导致收养行为的无效。

本次民法典编纂，将收养制度整体纳入婚姻家庭编之中作专章规定，基本保留了收养法的框架结构及主要内容。在被收养人条件方面，与收养法相比，最大的变化来自于对其年龄的限制，即由原来的被收养人应当不满 14 周岁，修改为未满 18 周岁的未成年人，符合相应条件均可被收养。事实上，对于是否应当对被收养人的年龄施加限制，无论是比较法上，还是理论界和实务界，自收养法颁布以来就一直存在争议。反对的理由主要有：第一，从我国的实际情况来看，绝大多数 14 周岁到 18 周岁的未成年人客观上依然不具备独立生活的能力，也需要一定程度的抚养。如果将被收养人的年龄严格限制在 14 周岁

---

① 要式法律行为：指依据法律的规定必须采取特定形式或履行特定程序方可成立的民事法律行为。比如结婚，必须男女双方进行婚姻登记的行为。相对的有非要式法律行为，即法律没有规定特定的形式，采用书面、口头或者其他形式均可成立的民事法律行为。比如自然人之间的借款，依据合同法的规定，借款合同采用书面形式，但自然人之间借款另有约定的除外。

以下，对于一些孤儿、弃儿，一旦其年满14周岁，则无法按照收养法律的规定被收养，就不能获得来自于稳定家庭环境之中的父母亲情的慰藉，而只能通过代养或者寄养的方式加以替代，这显然不利于收养目的的实现及被收养人利益的保护。第二，对被收养人年龄施加限制，也不利于实现特定人群的养老需求。随着老龄化社会的到来，养老作为一大社会问题日益凸显。一些人群因为不同原因失去子女，渴望通过收养子女甚至成年子女来保障其养老需求。如果被收养人的年龄只能在14周岁以下，则这些人群通过收养实现养老的目的就难以实现。

根据各方面意见，本条将被收养人的年龄限制由14周岁放宽到18周岁，即符合相关条件的未成年人都可以作为被收养人。主要理由是：第一，收养法施行以来，对于规范收养关系，保护收养人与被收养人合法权益发挥了重要作用。但收养实践中也不断出现因对被收养人年龄限制过严而导致部分有被收养需求的被收养人无法被收养的情况，这大大限制了收养制度功能的发挥。适当放宽被收养人的年龄限制，能够更好地实现收养目的，使更多符合相关条件的人可以被收养。第二，放宽被收养人的年龄限制，并不必然会影响家庭关系的稳定。第三，把握和遵循收养的本质目的，被收养人仍限于未成年人，不扩及成年人收养。

除年龄限制的变化之外，收养一章对于被收养人条件的规定基本沿袭了收养法的规定，未作大的修改。即包括了丧失父母的孤儿、查找不到生父母的未成年人以及生父母有特殊困难无力抚养的子女。（1）丧失父母的孤儿。此处的“丧失”应指被收养人的父母已经死亡或者被宣告死亡。“父母”不仅包括生父母，还包括养父母以及有扶养关系的继父母，从而尽可能扩大本项的适用范围。（2）查找不到生父母的未成年人。关于本项需要注意：①本项与收养法的规定相比，将收养法规定的“弃婴和儿童”修改为“未成年人”。国家一直高度重视被拐儿童解救安置工作，但在实践工作中，对于被拐儿童能否被收养各方面有不同意见。我们认为，收养法对于被收养主体范围的规定，没有将被拐儿童排除在外。收养法第 4 条第 2 项“查找不到生父母的弃婴和儿童”中的“儿童”应理解为既包括弃儿，也包括被拐儿童、走失儿童。这次编纂民法典，为避免实践中的误解，专门将“弃婴和儿童”修改为“未成年人”，明确拐卖被解救后无法找到生父母的未成年人也属于被收养人范围，以使他们能通过收养途径更好地得到安置。②本项规定的“查找不到”是指通过各种方式均无法找到。虽然本条未对“查找不到”附加时间上的限制，但从维护收养关系稳定的角度，在操作方面应当有一个合理期间的限制，个人或者有关机关经过一定期间仍查找不到的未成年人，可以作为被收养人。（3）生父母有特殊困难无力抚养的子女。与前两项相比，该项当中可作为被收养人的主体并非丧失父母或者父母查找不到，而是由于生父母自身不具备抚养子女的能力，从而产生被收养的需要。

第一千零九十四条　下列个人、组织可以作送养人：
（一）孤儿的监护人；
（二）儿童福利机构；
（三）有特殊困难无力抚养子女的生父母。

❖ 条文主旨 ❖

本条是关于送养人条件的规定。

❖ 条文解读 ❖

在收养法律关系中，何种主体可以作为送养人，是一个非常重要的问题。一般认为，送养人适格[①]是收养法律关系成立的实质要件，即只有送养人符合相关条件，收养才能有效成立。总的来看，本条对于送养人条件的确定意义重大。首先，收养涉及送养人、收养人、被收养人等多方主体，收养关系的最终成立也导致不同主体间发生法律关系的根本变化。只有明确了送养人条件，收养关系的合法有效成立才成为可能。其次，有利于进一步规范收养法律关系。本条采用集中规定的方式明确了哪些主体可以作为送养人，只要送养人符合本条规定，在符合收养法律关系成立的其他条件下，相应的收养关系即受到法律保护。最后，送养人的条件确定后，围绕不同类型的送养主体制定具体规则便具备了可能。事实上，收养涉及多方主体，法律关系较为复杂。在宏观方面确定好送养人条件后，才可以在微观层面针对不同的送养主体制定具体规则。

本条与收养法的规定相比，实质内容没有变化，包括三项：(1) 孤儿的监护人；(2) 儿童福利机构；(3) 有特殊困难无力抚养子女的生父母。

关于“孤儿的监护人”。所谓孤儿，根据 1992 年发布的《民政部关于在办理收养登记中严格区分孤儿与查找不到生父母的弃婴的通知》的规定，孤儿是指其父母死亡或人民法院宣告其父母死亡的不满 14 周岁的未成年人。但是，由于被收养人的年龄限制已经扩展到 18 周岁，与此相应，此处的“孤儿”，是指其父母死亡或人民法院宣告其父母死亡的未成年人。

关于“儿童福利机构”。收养法规定的第 2 项可以作送养人的主体是“社会福利机构”。所谓社会福利机构，是指国家设立的对于孤儿、弃儿等进行监管看护的机构。从实践情况

① 适格：即必须符合相关法律规定的资格。例如收养人、送养人适格就是指上述群体资格必须符合收养法的要求。

看，我国的社会福利机构主要是指各地民政部门主管的收容、养育孤儿和查找不到生父母的未成年人的社会福利院。

关于“有特殊困难无力抚养子女的生父母”。本项是将特定情形下的生父母作为送养人的规定。生父母作为子女的法定监护人，在一般情况下都要履行作为父母的监护人职责，不得随意将应由自己承担的责任转由他人承担。但在特殊情况下，生父母因存在特殊困难无力承担这一责任时，从有利于未成年人健康成长的角度，可以由生父母将未成年人送养，从而为其创造更有利于成长的家庭环境，这也符合本次收养领域确立的最有利于被收养人的原则要求。

第一千零九十五条　未成年人的父母均不具备完全民事行为能力且可能严重危害该未成年人的，该未成年人的监护人可以将其送养。

❖ 条文主旨 ❖

本条是关于未成年人的监护人可以送养的规定。

❖ 条文解读 ❖

根据本法总则编的规定，通常情况下，未成年人的父母是其法定监护人。但是，在父母已经死亡或者没有监护能力的情况下，为保护未成年子女的利益，需要由其他主体担任监护人，实现对未成年子女的监护，保护其人身和财产权益。这些主体包括祖父母、外祖父母、兄、姐以及其他愿意担任监护人的个人或者组织。那么，在这些主体担任监护人的情形下，是否一概有权决定送养未成年人呢？从收养法的规定看，未成年人在其父母均不具备完全民事行为能力时，即父母双方均为限制民事行为能力人或者无民事行为能力人时，原则上其监护人也不得将未成年人送养，除非父母对该未成年人存在严重危害可能。收养法之所以这样规定，主要是考虑到，子女对于无民事行为能力或者限制民事行为能力的父母往往具有更为重要的意义：一方面，子女可以在精神上陪伴父母，在有的情况下这种陪伴和慰藉是其他方式所不可替代的；另一方面，子女如果不被送养，其与生父母的亲子关系仍然存在，在其成年后需要对生父母履行赡养义务，这有助于对无民事行为能力或者限制民事行为能力的父母的权益保护。当然，从收养法的规定看，也并没有完全禁止在此种情形下送养未成年人。如果未成年人的父母对子女存在严重危害可能，从保护未成年人的角度考虑，是允许监护人送养未成年人的。这样规定，可以在保护生父母与未成年子女的利益之间达到平衡。

与收养法的规定相比，本条关于监护人送养未成年人的表述发生了变化，规定为："未成年人的父母均不具备完全民事行为能力且可能严重危害该未成年人的，该未成年人的监护人可以将其送养。"理解本条需要把握以下几点：第一，本条的规范重点放在了"可以送养"，即重点强调未成年人的监护人在何种情况下可以送养该未成年人。民法典婚姻家庭编在一般规定中新增了"收养应当遵循最有利于被收养人"的原则，这实际上是收养法律关系中最为重要、最能体现收养制度价值与功能的原则。任何有关收养的规则设计，都应当体现这一原则。将本条的规范重点由"原则上不得送养"调整为"何种情况下可以送养"，尽管在最终的规范效果上没有实质变化，但传递出的理念变化是明确的，即首先要保障未成年人的利益。当未成年人父母均不具备完全民事行为能力且对可能严重危害该未成年人的，监护人就可以送养未成年人。第二，在父母尚存的情况下，对于监护人送养未成年人的条件要求是非常严格的。首先，要求未成年人的父母双方均不具备完全民事行为能力。根据本法总则编对民事行为能力的分类，自然人可以分为完全民事行为能力人、限制民事行为能力人以及无民事行为能力人。如果未成年人的父母任何一方属于完全民事行为能力人，一般情况下意味着其具有抚养、教育未成年人的能力，在这种情况下，监护人不得将未成年人送养。只有未成年人的父母双方均不具备完全民事行为能力，即其双方均为限制民事行为能力或者无民事行为能力人时，监护人才有可能被允许将未成年人送养。其次，未成年人的父母必须存在可能严重危害该未成年人的情形时，监护人才可将其送养。所谓可能严重危害该未成年人，主要是指其父母存在危害该未成年人的现实危险，且达到严重程度的情形，比如，父母双方均为严重的精神分裂症，存在暴力威胁甚至殴打未成年人的情形。在这种情况下，即使危害行为尚未实际发生，从保护未成年人利益的角度出发，也允许监护人将其送养。第三，此种情况下的送养主体，只能是该未成年人的监护人。根据本法第 1094 条的规定，可以担任送养人的主体原则上只包括三类，即孤儿的监护人、儿童福利机构以及有特殊困难无力抚养子女的生父母。而在未成年人的父母均不具备完全民事行为能力且可能严重危害该未成年人时，上述三类主体均无法成为适格的送养主体。此时，根据本条规定，能够成为送养主体的，是该未成年人的监护人。监护人作为实际承担监护职责的人，对于该未成年人的情况最为熟悉，由其担任送养人与收养人成立收养法律关系，较为合适。

第一千零九十六条　监护人送养孤儿的，应当征得有抚养义务的人同意。有抚养义务的人不同意送养、监护人不愿意继续履行监护职责的，应当依照本法第一编的规定另行确定监护人。

❖ 条文主旨 ❖

本条是关于监护人送养孤儿的限制以及变更监护人的规定。

❖ 条文解读 ❖

根据本法第1094条的规定，监护人可以作为送养人对孤儿进行送养。孤儿因其父母死亡或者被宣告死亡，需要由其他法定主体担任监护人对其人身和财产权益进行保护。根据本法总则编第27条第2款的规定，未成年人的父母已经死亡或者没有监护能力的，由下列有监护能力的人按顺序担任监护人：(1) 祖父母、外祖父母；(2) 兄、姐；(3) 其他愿意担任监护人的个人或者组织，但是须经未成年人住所地的居民委员会、村民委员会或者民政部门同意。父母之外的其他主体担任监护人时，由于主客观方面的不同原因，可能会产生不想再履行监护职责并将被监护人送养的想法。比如，监护人承担监护职责一段时间后，生活发生变故，不想继续担任孤儿的监护人。此时，如果监护人送养未成年人，有何限制？

根据本条规定，监护人送养孤儿的，应当征得有抚养义务的人同意。这里的“有抚养义务的人”，是指孤儿的有负担能力的祖父母、外祖父母、兄、姐。本法第1074条第1款规定，有负担能力的祖父母、外祖父母，对于父母已经死亡或者父母无力抚养的未成年孙子女、外孙子女，有抚养的义务。本法第1075条第1款规定，有负担能力的兄、姐，对于父母已经死亡或者父母无力抚养的未成年弟、妹，有扶养的义务。如果上述主体不同意监护人对孤儿进行送养，而监护人又不愿意继续履行监护职责的，为使被监护人不致处于无人监护的状态，应当依照本法总则编的规定另行确定监护人。比如，父母都死亡后，成年的兄、姐是未成年弟、妹的法定监护人，作为监护人的哥哥不能违背姐姐的意愿而自己决定将被监护的弟妹送养。再如，有负担能力的祖父母、外祖父母对于父母均已死亡的未成年孙子女、外孙子女有抚养义务。当祖父母担任监护人时，其送养孙子女的行为应当征得外祖父母的同意，外祖父母不同意收养而祖父母又不愿意继续履行监护职责的，应当按照有关规定变更监护人，由外祖父母担任监护人。

第一千零九十七条 生父母送养子女，应当双方共同送养。生父母一方不明或者查找不到的，可以单方送养。

◆ 条文主旨 ◆

本条是关于生父母送养子女的原则要求与例外规定。

◆ 条文解读 ◆

根据本法第1094条的规定，有特殊困难无力抚养子女的生父母可以作为送养人，送养其子女。一般而言，生父母作为未成年子女的法定监护人，不应轻易转嫁本应由其承担的监护职责。但在其确因特殊困难无力抚养子女时，允许其送养未成年子女，更有利于未成年子女在良好的家庭环境中健康成长，体现出对未成年子女利益的保护。生父母送养子女，原则上要求双方共同送养，只有在生父母一方不明或者查找不到的情形下，才可以由生父或者生母单方送养。无论国外多数国家立法例，还是我国收养法的规定，都将生父母送养子女时应双方共同送养作为原则。这主要是考虑到，收养关系一旦成立，虽然在客观上不能改变生父母与其子女的血亲关系，但是生父母却不能继续抚养子女。尤其是在我国只承认完全收养的制度背景下，收养关系成立后，生父母与其子女的亲子关系将因收养而消除。如果生父或者生母一方未经其配偶同意即送养子女，无异于剥夺了其配偶对于子女的亲权，显然对不知情的配偶一方是不公平的。当然，在生父母一方不明或者查找不到时，则允许另一方单方收养，这主要是为了更好地保护未成年子女的利益。

根据本条可知：第一，生父母送养子女应当双方共同送养，这是原则要求。基于父母双方对于抚养子女的平等地位，送养应当双方共同进行。在实践操作层面，可以双方共同表示送养的意思，也可以由一方表达出送养意愿，另一方表示同意。在后一种情况下，这种同意的表示应是明确的、具体的。第二，生父母送养子女可以单方送养，这是例外规定，应当严格限于法律规定的两种情形，即生父母一方不明或者查找不到。所谓生父母一方不明，是指不能确认被收养人的生父或者生母为谁的情况。比如，生母曾因自身的特殊经历，不知其所生子女的生父是谁。在这种情况下，如果生母无力抚养所生子女，应当允许其送养该子女，给子女提供一个更好的成长环境。所谓查找不到，是指经过一定期间，无法查找到生父或者生母的情况。例如，未成年子女的生母无故离家出走，经过有关机关在一定期间查找仍查找不到，此时，为尽快使未成年子女获得稳定、良好的成长环境，应当允许无力独自抚养子女的生父送养。

第一千零九十八条　收养人应当同时具备下列条件：

（一）无子女或者只有一名子女；

（二）有抚养、教育和保护被收养人的能力；

（三）未患有在医学上认为不应当收养子女的疾病；

（四）无不利于被收养人健康成长的违法犯罪记录；

（五）年满三十周岁。

❖ 条文主旨 ❖

本条是关于收养人条件的规定。

❖ 条文解读 ❖

收养是在收养人与被收养人之间建立拟制亲子关系的一种法律制度，其核心是为了更好地促使被收养人健康成长，同时也满足收养人的收养需求。由于收养制度的这一定位，使得保障被收养人利益成为收养制度需要遵循的首要原则。本法第1044条第1款规定，收养应当遵循最有利于被收养人的原则，保障被收养人和收养人的合法权益。在这一原则的要求下，需要对收养人设定必要的条件要求，以确保收养制度功能的实现，保障被收养人的合法权益。本条即是对一般情况下收养人应当具备的条件的规定。

本条关于收养人年龄的规定与收养法第6条第4项规定保持一致，仍然要求收养人须年满30周岁。收养人只有达到一定年龄，才可能在经济能力、心智完善程度方面满足一定标准，从而具备承担抚养被收养人的义务，更好保障被收养人的利益。当然，此处关于收养人年龄的规定仅是收养人条件中的一项，其即使满足了这一要求，也并不意味着必然具备抚养、教育被收养人的能力，还需要同时满足本条关于收养人条件的其他要求，才可担任收养人。同时，本条仅是对于一般收养条件下收养人最低年龄的规定，对于特殊情形下的收养，则要视情况予以放宽这一限制或者增加其他年龄方面的限制等。比如，根据本法第1103条的规定，继父或者继母经继子女的生父母同意，可以收养继子女，其可以不受收养人须年满30周岁的限制。而根据本法第1102条的规定，无配偶者收养异性子女，收养人与被收养人的年龄还应当相差40周岁以上。

除须年满30周岁外，按照本条规定，收养人还须同时具备其他四项条件，即无子女或者只有一名子女；有抚养、教育和保护被收养人的能力；未患有在医学上认为不应当收养子女的疾病；无不利于被收养人健康成长的违法犯罪记录。

关于收养人无子女或者只有一名子女。本项与收养法的规定相比，将原来的“无子女”修改为“无子女或者只有一名子女”。收养法制定之时，根据我国宪法和婚姻法有关计划生育政策的规定，为防止一些收养人借收养之机达到多子女的目的，法律要求收养人必须无子女的，才可以收养。这与修改前的人口与计划生育法中“提倡一对夫妻生育一个子女”的规定精神是一致的。此处的“无子女”包括多种情况，主要是指夫妻双方或者一方因不愿生育或不能生育而无子女，或者因所生子女死亡而失去子女，或者指收养人因无配偶而没有子女的情况，即收养人没有亲生子女，同时也没有养子女及形成抚养教育关系的继子女。需要强调的是，这里的“无子女”不能简单地理解为没有生育能力，如果此前生育过子女，但子女因故死亡，也属于“无子女”。2015年10月，党的十八届五中全会召开，会议对我国人口和计划生育政策作出了重大调整。同年12月27日，十二届全国人大常委会十八次会议对人口与计划生育法作了修改，明确规定了“国家提倡一对夫妻生育两个子女”。与此相对应，本项关于收养人无子女的要求也相应作了调整，收养人不再需要受到“无子女”的严格限制，在收养人只有一名子女的情形下，依然可以作为收养人再收养其他子女。相应地，在收养人数的规定方面，本法第1100条也作了修改，即无子女的收养人可以收养两名子女；有子女的收养人只能收养一名子女。

关于有抚养、教育和保护被收养人的能力。收养人具备抚养、教育和保护被收养人的能力，这是收养人必须要有的基本条件。此处的“抚养、教育和保护被收养人的能力”，主要是指收养人应当具有完全民事行为能力，在身体、智力、经济、道德品行以及教育子女等各个方面均有能力实现对未成年子女的抚养、教育和保护，能够履行父母对子女应尽的义务。

关于未患有在医学上认为不应当收养子女的疾病。收养人不应患有相关疾病，这是对收养人在身体方面的特别要求。如果收养人患有这些疾病，将对被收养人的健康成长产生重大影响。在适用“未患有在医学上认为不应当收养子女的疾病”这一规定处理具体问题时，要特别注意须有充分科学的依据，必要时通过专门的医学鉴定加以确定，切不可随意适用该项条件拒绝特定主体的收养要求。一般而言，患有一些精神类疾病和传染性疾病可以被认为不适宜收养。例如，精神分裂症、躁狂抑郁型精神病、艾滋病、淋病、梅毒等。在判定某种疾病是否属于不应当收养子女的疾病时，除考虑疾病本身的严重性之外，重点还要考虑此种疾病对于收养关系的影响、对于被收养人可能存在的影响等，综合以上因素，谨慎认定。

关于无不利于被收养人健康成长的违法犯罪记录。这是本次编纂新增加的内容，收养法没有类似规定。近些年来，一些侵害未成年人的违法犯罪案件屡屡见诸报端，令人痛心又愤怒。这其中，也有相当数量的案件属于收养人借收养之名侵害被收养人人身、财产利益的情况。这些情况的出现，本质上是对收养目的的根本违背，严重损害了未成年人的利益。需要指出的是，并非有过任何违法犯罪记录的人都不能担任收养人，本项还是强调“无不利于被收养人健康成长的违法犯罪记录”，即收养人从事过与未成年人健康成长有关的违法犯罪的，才会因该违法犯罪记录而被限制收养。

第一千零九十九条　收养三代以内旁系同辈血亲的子女，可以不受本法第一千零九十三条第三项、第一千零九十四条第三项和第一千一百零二条规定的限制。

华侨收养三代以内旁系同辈血亲的子女，还可以不受本法第一千零九十八条第一项规定的限制。

❖ 条文主旨 ❖

本条是对收养三代以内旁系同辈血亲的子女以及华侨收养三代以内旁系同辈血亲的子女的条件的放宽规定。

❖ 条文解读 ❖

本章一开始即对收养关系成立的基本条件作了规定，具体来说，第1093条是对被收养人条件的规定，第1094条是对送养人条件的规定，第1098条是对收养人条件的规定。这些有关收养关系成立基本条件的规定，均是对收养关系当事人所作的一般性规定，也就是说，如果收养关系要有效成立，各方当事人原则上需要具备这些基本条件。然而，收养关系涉及收养人、送养人、被收养人等多方当事人，法律关系较为复杂，而且收养涉及各方主体之间的情感联系及未成年人的利益保护，如果在任何情形下均严格适用收养的一般性条件来判定收养行为的效力，可能并不有利于收养制度功能的发挥。因此，有必要在收养的基本条件之外，针对特殊情形作出特别规定。基于此，本条针对收养三代以内旁系同辈血亲的子女以及华侨收养三代以内旁系同辈血亲的子女的条件作了特别规定，主要是在收养一般条件的基础上，作了放宽规定。

根据本款规定，如果收养三代以内旁系同辈血亲的子女，可以在收养基本条件的基础上，不受以下几项条件的限制：一是被收养人生父母有特殊困难无力抚养子女。根据本法第1093条的规定，除丧失父母的孤儿以及查找不到生父母的未成年人外，只有生父母有特殊困难无力抚养未成年子女时，该子女才能被纳入被收养人的范围。而根据本条规定，收养人如果收养的是三代以内旁系同辈血亲的子女，可以不受这一限制，即便被收养人的父母并未因特殊困难丧失抚养能力，其仍可以成为被收养的对象。二是有特殊困难无力抚养子女的生父母。根据本法第1094条规定，除孤儿的监护人、儿童福利机构外，未成年人的生父母只有在有特殊困难无力抚养子女时，才能成为送养人。而根据本条规定，收养三代以内旁系同辈血亲的子女，即使未成年人的生父母并未因特殊困难而丧失抚养能力，其仍可以成为适格的送养人，因此，成立的收养关系仍然有效。三是无配偶者收养异性子女的，收养人与被收养人的年龄应当相差40周岁以上。根据本法第1102条的规定，无配偶者收养异性子女的，需要受到收养人与被收养人40周岁年龄差的限制。而根据本条规定，收养三代以内旁系同辈血亲的子女，即使收养人与被收养人的年龄相差不到40周岁，依然可以成立有效的收养关系。当然，被收养人依然要受到收养关系一般条件的限制，即须为未满18周岁的未成年人。

本条第2款是对华侨收养三代以内旁系同辈血亲子女的条件规定，即在一般主体收养三代以内同辈血亲子女放宽条件的基础上，对于华侨收养，进一步放宽了关于收养人子女数量的限制。根据第2款规定，华侨收养三代以内旁系同辈血亲的子女，还可以不受本法第1098条第1项规定的限制。理解本款要注意以下两点：一是华侨收养三代以内旁系同辈血亲的子女，首先与一般主体收养三代以内旁系同辈血亲的子女的要求一致，即被收养人可以不受生父母有特殊困难无力抚养的子女限制、送养人可以不受有特殊困难无力抚养子女的限制以及无配偶者收养异性子女须与被收养人存在40周岁年龄差的限制。二是在上述基础上，对于华侨收养，本法进一步放宽限制，还可以不受收养人须无子女或者只有一名子女的限制。也就是说，对于已拥有两名及以上子女的华侨而言，其还可以通过收养这一方式形成与三代以内旁系同辈血亲的子女之间的亲子关系。

第一千一百条　无子女的收养人可以收养两名子女；有子女的收养人只能收养一名子女。

收养孤儿、残疾未成年人或者儿童福利机构抚养的查找不到生父母的未成年人，可以不受前款和本法第一千零九十八条第一项规定的限制。

❖ 条文主旨 ❖

本条是关于收养人收养子女数量的规定。

❖ 条文解读 ❖

收养法第8条第1款规定，收养人只能收养一名子女。该规定对于收养人收养子女的数量作了限制性规定，即收养人原则上只能收养一名子女。收养法对于收养子女数量的限制，主要基于两方面考虑：一是从保障被收养人的利益出发，收养人收养的子女数量越多，其所能够提供的抚养条件就相对越差。因此，原则上允许收养人收养一名子女，可以更加确保被收养人的生活条件，有利于其成长。二是收养法制定之时，从计划生育的角度出发，规定收养人原则上只能收养一名子女也与计划生育的政策要求相一致。收养法第3条规定，收养不得违背计划生育的法律、法规。

本条规定与收养法的规定相比，在收养子女数量方面，作了重大修改。根据本条第 1 款规定，无子女的收养人可以收养两名子女；有子女的收养人只能收养一名子女。换言之，如果收养人无子女，其可以收养子女的数量已经不再限于一名，最多可以收养两名；对于已有子女的收养人而言，只能再收养一名子女。本条作出修改的主要理由，同收养人条件放宽对收养人子女数量的限制一样，也是基于我国人口生育政策的重大变化，即从“提倡一对夫妻生育一个子女”到“国家提倡一对夫妻生育两个子女”。这里的“无子女”包括自己没有生育子女、已生育但子女死亡等不同情况。这样一来，无论是无子女的收养人，还是已经有子女的收养人，都可以基于自身情况进行收养。

在上述原则规定的基础上，对于那些属于特殊群体的被收养人，是否可以不受收养人数的特定限制呢？本条第 2 款对此作了规定。根据本条第 2 款规定，收养孤儿、残疾未成年人或者儿童福利机构查找不到生父母的未成年人，可以不受前款和本法第 1098 条第 1 项规定的限制。根据本款规定，对于被收养人属于孤儿、残疾未成年人以及儿童福利机构抚养的查找不到生父母的未成年人这三类之一的被收养人：首先，可以不受第一款的限制，即“无子女的收养人可以收养两名子女；有子女的收养人只能收养一名子女”。也就是说，如果收养人收养的是孤儿、残疾未成年人或者儿童福利机构抚养的查找不到生父母的未成年人的，无子女的收养人可以收养两名以上，有子女的收养人可以收养一名以上。其次，收养这三类群体中的任何一类，还可以不受本法第 1098 条第 1 项规定的限制，即可以不受收养人无子女或者只有一名子女的限制。也就是说，如果收养人意图收养的对象是孤儿、残疾未成年人或者儿童福利机构抚养的查找不到生父母的未成年人，即使收养人自己有子女或者子女数量超过一名，依然可以进行有效的收养行为。

由此可见，对于收养人收养三类特定群体的被收养人，本条从收养人子女数量、可以收养的被收养人数量两方面均作了放宽规定。之所以这样规定，主要是体现对于这三类群体的特别保护。首先是孤儿，所谓孤儿，是指父母均死亡或者被宣告死亡的未成年人。比如，在灾难事故中失去双亲的儿童。这类群体由于突然变故导致失去双亲，瞬间由正常家庭的孩子成为孤儿，通过放宽收养人子女数量条件及收养人数的限制，可以使其尽快回归正常家庭，重新得到家庭关爱。其次是残疾未成年人，这里的残疾，既包括身体的残疾，也包括精神方面的残疾，如患有精神分裂症的孩子等。无论是身体残疾，还是精神残疾，为鼓励对此类群体的收养，体现对残疾人群体的关爱，放宽相关收养条件的限制，也是很有必要的。最后是儿童福利机构抚养的查找不到生父母的未成年人。这类由儿童福利机构抚养的查找不到生父母的未成年人，来源不一，有的是因自身存在某些疾病而被生父母遗弃，后被儿童福利机构抚养；有的可能是因打拐被解救后查找不到生父母而由儿童福利机构抚养。无论何种情况，通过放宽收养条件使得此类未成年人群体尽快被收养，都是极为必要的，也符合未成年人利益最大化的要求。从近些年的收养实践看，那些身心健康的未成年人，从来都不需要担心无人收养，甚至其数量远远满足不了收养人的收养需求，而许多孤儿、残疾儿童等，则因为自身的特殊情况，很难通过收养手段重新回归家庭。本条对于一般收养关系中收养子女数量的规定以及特殊群体收养数量的放宽，能够体现在收养方面的倾斜保护，有助于此类群体权益的保护，更好发挥收养制度的功能。

第一千一百零一条　有配偶者收养子女，应当夫妻共同收养。

❖ 条文主旨 ❖

本条是关于有配偶者收养子女应当共同收养的规定。

❖ 条文解读 ❖

收养在收养人与被收养人之间建立了法律拟制的父母子女关系。收养关系有效成立后，收养人与被收养人之间的亲子关系成立，被收养人与其生父母的亲子关系消除。由于收养所带来的这种亲子关系的根本变化，在收养人有配偶的情况下，收养是否需要取得配偶的同意而共同为收养行为，就成为立法必须回应的问题。

收养法第 10 条第 2 款规定，有配偶者收养子女，须夫妻共同收养。本条与收养法的规定相比，基本未作修改，即有配偶者收养子女，应当夫妻共同收养。从本条规定看，我国对于有配偶者收养所采取的原则，同世界上多数国家和地区的立法相似，即要求夫妻共同收养。这里的“共同收养”，既可以是夫妻双方共同为收养的意思表示，也可以是一方有收养子女的意思表示，另一方对此表示明确同意。这样规定，体现了双方对于收养行为共同的合意，在形成有效的收养关系后，也有助于共同履行抚养子女的义务，创造和睦、温暖的家庭环境，从而促进被收养人的健康成长。立法过程中，有的意见认为，本条在收养法规定的基础上，应当增加夫妻共同收养的除外情形，即在特定情形下，有配偶者也可以单方收养。比如，在配偶一方为无民事行为能力人或者查找不到时，应当允许另一方单独收养。我们经反复研究、慎重考虑后，没有在本条增加上述除外规定。理由是：第一，收养应当体现配偶双方合意，这是夫妻进行收养的基本原则。在配偶一方为无民事行为能力人的情况下，如果允许另一方单独为收养行为，亲子关系成立后，被收养人有可能在成年后承担较重的赡养义务，尤其是对于无民事行为能力的父或母的赡养义务，这显然对其不利。第二，在配偶一方查找不到的情况下，由于这种事实状态并不确定，如果允许另一方单独收养，配偶重新出现后可能对收养行为并不同意，这显然不利于被收养人的成长。因此，本条维持了收养法的规定，对于有配偶者收养子女的，仍然要求夫妻双方共同收养。

第一千一百零二条　无配偶者收养异性子女的，收养人与被收养人的年龄应当相差四十周岁以上。

❖ 条文主旨 ❖

本条是关于无配偶者收养异性子女应当具备一定年龄差的规定。

❖ 条文解读 ❖

收养在收养人与被收养人之间成立了拟制的亲子关系。对于有配偶者，本法第1101条规定了应当夫妻共同收养。那么，对于无配偶者，是否允许其收养？如果允许，需要受到何种约束和限制？本条即是对无配偶者收养异性子女时，须与被收养人具备一定年龄差的规定。

收养法第9条规定，无配偶的男性收养女性的，收养人与被收养人的年龄应当相差40周岁以上。收养法作出这一规定，主要是考虑到，收养作为成立拟制血亲关系的一种方式，无配偶男性收养女性时，有可能出现在两性关系方面侵害被收养人的情况。也就是说，收养人实施收养的目的并非单纯出于抚育被收养人，而是借收养之名行侵害之实。在这种情况下，收养不仅不能发挥其原有的有利于未成年人健康成长的制度功能，反而可能沦为不法分子侵害未成年人权益的工具。因此，有必要对于无配偶男性收养女性规定一定的年龄差，以尽可能在客观上消除这种侵害情况的发生。据此，收养法规定了无配偶的男性收养女性的，收养人与被收养人的年龄应当相差 40 周岁以上。这里的“无配偶的男性”，既包括该男性一直未婚单身的情况，也包括离异、丧偶等导致没有配偶的情况。关于这一规定，在收养法实施多年以来，经常被提出的问题是：无配偶的女性收养男性时，二者的年龄差是否需要相差 40 周岁以上呢？有的意见认为，无配偶的女性收养男性的，二者的年龄差也应当在 40 周岁以上，否则有违男女平等原则，也不符合我国的实际情况，因为从实践来看，并没有证据表明被收养人在两性方面遭受无配偶的收养人侵犯只限于被收养人为女性、收养人为男性这一情形，因此，基于男女平等原则，应当对收养法的这一规定作出修改，将 40 周岁以上年龄差的限制扩展规定到一切无配偶者收养异性子女的情况。

根据本条规定，首先，在无配偶者收养子女的情况下，收养人与被收养人须有 40 周岁以上年龄差的限制已经不仅限于收养人为男性、被收养人为女性的情况。在收养人为无配偶女性、被收养人为男性的情况下，同样应当受到收养人与被收养人须年龄相差 40 周岁以上的限制。这一规定体现了男女平等的原则，也使得实践中可能出现的无配偶女性侵害被收养男性的情况得到遏制。其次，在年龄差方面，虽然有的意见认为，无配偶女性收养男性，是否需要与无配偶男性收养女性时的年龄差保持一致还值得研究，但本条从男女平等的角度出发，依然保持了 40 周岁的年龄差。最后，无论是无配偶男性收养女性，还是无配偶女性收养男性，40 周岁以上的年龄差是否合适？从本条的规范意旨看，主要是通过划定一定的年龄差，避免无配偶者收养异性子女时对子女的性侵害。从这个规范目的来看，40 周岁的年龄差是合适的。然而，在符合这一标准的前提下，收养人往往年龄也相对较大，能否很好地承担起对未成年子女的抚养、教育和保护义务，也值得考虑。假设被收养的子女 13 周岁，在符合 40 周岁年龄差的前提下，无配偶的收养人至少已经 53 周岁了，此时其能否独自一人负担起监护职责？尽管我们在收养人条件中规定了收养人必须具有抚养、教育和保护被收养人的能力，但不容否认的是，收养人年龄较大势必会在一定程度上影响其监护职责的承担。对于是否应当适当降低年龄差，在保护未成年人的合法权益与保证收养人的抚养教育能力之间，还应取得平衡与兼顾。本条尽管维持了收养法原来的规定，但其最终的效果如何，还要经受实践的检验。

第一千一百零三条　**继父或者继母经继子女的生父母同意，可以收养继子女，并可以不受本法第一千零九十三条第三项、第一千零九十四条第三项、第一千零九十八条和第一千一百条第一款规定的限制。**

◆ 条文主旨 ◆

本条是关于继父或者继母与继子女收养条件的规定。

◆ 条文解读 ◆

在收养关系中，存在一类特殊主体之间的收养，即继父母对于继子女的收养。子女跟随生父或生母再婚时，即使没有经过收养程序，子女与生父或生母的再婚配偶之间，也会因为再婚事实的存在而可能形成抚养教育关系。在这种情况下，就既存在着子女与共同生活一方的生父或生母之间的父母子女关系，又存在着子女与共同生活一方的生父或生母的再婚配偶之间的继父母子女关系。当然，根据本法第 1084 条第 1 款规定，父母与子女间的关系，不因父母离婚而消除。离婚后，子女无论由父或者母直接抚养，仍是父母双方的子女。因此，子女与未共同生活的生母或者生父之间的父母子女关系，也并未因生父母离婚的事实而消除。同时，根据本法第1072条第2款规定，继父或者继母和受其抚养教育的继子女间的权利义务关系，适用本法关于父母子女关系的规定。因此，如果继父或者继母与继子女间形成了抚养教育关系，也要适用本法关于父母子女关系的规定。在这种情况下，子女与继父或者继母以及与其自己的生父母间就会形成双重的父母子女关系，很容易在实践中因为这种双重权利义务的界限不明确而发生纠纷。在此前提下，继父或者继母则可以通过收养继子女，在双方之间形成养父母子女关系，同时因收养关系的成立，子女与生父母之间的亲子关系得以消除。这样一来，收养便使得继父或者继母与继子女之间的双重关系简单化，权利义务更为清晰。正是基于这方面考虑，立法对于继父母收养继子女，规定了较为宽松的收养条件。

根据本条规定，继父或者继母收养继子女的，应当满足以下条件：一是必须经过继子女的生父母同意。继父或者继母收养继子女的，一般而言，与继子女共同生活的生母或者生父会表示同意。因为无论最终收养是否成立，继子女与其共同生活的生母或者生父之间的父母子女关系是始终存在的。在这种情况下，与子女共同生活的生母或者生父如果同意其再婚配偶收养自己的子女，有利于在法律上尽快确定子女与其配偶之间的养父母子女关系，从而进一步稳定再婚后的家庭关系，使子女得到家庭关爱。相对而言，未与继子女共同生活的生父或者生母对于收养的意见更为重要，因为一旦继父或者继母与继子女之间的收养关系成立，就同时意味着子女与未共同生活的生父或者生母之间的父母子女关系消除，双方尽管在血缘上仍是亲子，但在法律上的父母子女关系将不复存在。因此，收养关系若要成立，必须首先得到生父母的同意。二是鉴于继父母收养继子女能够使亲子关系更为清晰，因此，立法对于这种情况下的收养，同其他类型的特殊收养一样，在许多方面放宽了收养条件的限制。包括：（1）可以不受本法第 1093 条第 3 项的限制。即继父或者继母收养继子女的，继子女不必属于生父母有特殊困难无力抚养的子女。根据被收养人范围的一般要求，只有丧失父母的孤儿、查找不到生父母的未成年人以及生父母有特殊困难无力抚养的子女可以被收养，但在继父母收养继子女的情况下，继子女不必属于生父母有特殊困难无力抚养的子女。这相当于放宽了对于生父母经济或身体条件方面的要求，无论是否存在特殊困难，只要其主观上同意送养，都可以成立有效的收养关系。（2）可以不受本法第 1094 条第 3 项的限制。即生父母作为送养人时不必属于有特殊困难无力抚养子女的情形。同第 1 项放宽条件相似，本项限制的放宽是从送养人角度作出的规定。一般而言，担任送养人的主体包括三类，即孤儿的监护人、儿童福利机构以及有特殊困难无力抚养子女的生父母。在继父母收养继子女的情况下，生父母作为送养人，即使不属于有特殊困难无力抚养的情形，根据本项规定，依然可以送养子女，成立子女与继父或者继母之间的收养关系。（3）可以不受第 1098 条规定的限制。本法第 1098 条是对收养人应当具备的条件的规定，包括子女数量、抚养能力、疾病情况、违法犯罪记录以及年龄等多个方面。在继父母收养继子女的情况下，可以不受这些条件的限制。客观而言，这一项条件的放宽的意义是非常重大的，但考虑到继父母收养继子女后，毕竟尚有生父或者生母一方与其共同生活，同时亦有未共同生活一方生母或者生父的同意，因此，这种条件的放宽，我们认为是可以接受的，也有助于鼓励更多的继父母与继子女间形成收养关系，尽快稳定家庭关系。（4）可以不受第 1100 条第 1 款规定的限制。本法第 1100 条第 1 款是对收养人收养子女数量的规定，即无子女的收养人可以收养两名子女；有子女的收养人只能收养一名子女。在继父母收养继子女的情况下，可以不受这种数量的限制。放宽收养子女数量的限制，有助于所有与生父或生母共同生活的子女同时被继母或者继父收养，使得这些子女同在一个家庭成长，更有助于其身心健康。

第一千一百零四条　收养人收养与送养人送养，应当双方自愿。收养八周岁以上未成年人的，应当征得被收养人的同意。

❖ 条文主旨 ❖

本条是关于收养自愿以及须征得一定年龄被收养人同意的规定。

❖ 条文解读 ❖

收养是在收养人与被收养人之间成立拟制父母子女关系的法律制度，其牵涉送养人、收养人、被收养人等多方主体的权益。从本质上看，收养属于民事法律行为，需要体现当事人的意思自治，最大程度遵从当事人的自愿。根据本法有关收养制度的规定，这种意思自治须体现在送养人、收养人以及被收养人等各方主体是否同意收养的主观意志方面。本法第 1093 条、第 1094 条、第 1098 条分别对被收养人、送养人及收养人的范围或条件作了规定。这些主体在成立有效的收养关系时，必须真实、明确地表达收养意愿，如果这种意愿的表达并非出于内心真意，则会影响收养关系的效力。

本条与收养法的规定相比，仅在被收养人自己同意的年龄标准方面作了修改，其他未作实质修改。根据本条规定，收养人收养与送养人送养，应当双方自愿。收养8周岁以上未成年人的，应当征得被收养人的同意。理解本条，需要注意以下几点：一是成立有效的收养关系，首先需要收养人有真实、自愿的收养意思表示。关于这一点，应该是不言自明的道理。作为收养人而言，如果其没有作出收养的意思表示，就不会有后续行为的形成及生效。从本章关于收养程序的规定看，如果没有收养人最初的收养意愿，就不可能有这些程序的启动。这里需要强调的是，收养人收养意愿的作出必须是真实、自愿的，如果这种收养意思表示是受胁迫、欺诈等作出的，就不会产生有效的收养关系，也必将有损被收养人的合法权益。当然，如果有关主体借收养之名行牟利之实，是被严格禁止的，要依法承担相应的法律责任。二是成立有效的收养关系，还需要送养人同意送养的真实意愿。根据本法第1094条规定，可以担任送养人的个人和组织包括孤儿的监护人、儿童福利机构以及有特殊困难无力抚养子女的生父母。这些主体在依法送养未成年人时，必须要有同意送养的真实意思表示。以孤儿的监护人为例，即使孤儿的监护人丧失了监护能力，也不得强制其送养未成年人，此时可以通过变更监护人的方式实现对未成年人合法权益的保护。对于送养人同意送养意愿的强调，也再次彰显了对法律行为本质的尊重。三是如果被收养人属于8周岁以上的未成年人，还必须征得被收养人的同意才可收养。首先，本法总则编第19条规定，8周岁以上的未成年人为限制民事行为能力人，实施民事法律行为由其法定代理人代理或者经其法定代理人同意、追认；但是，可以独立实施纯获利益的民事法律行为或者与其年龄、智力相适应的民事法律行为。本条根据总则的这一规定，修改了收养法“收养年满十周岁以上未成年人的，应当征得被收养人的同意”这一规定，将“同意”的年龄标准由 10 周岁修改为 8 周岁。其次，收养的未成年人如果在 8 周岁以上，则其同意是收养能够有效成立的前提条件。换言之，即使送养人与收养人达成了收养合意，如果被收养人不同意被收养，则不得进行收养。之所以对限制民事行为能力的未成年人收养附加“同意”要件，主要是考虑到这一年龄段的未成年人相较于无民事行为能力的未成年人而言，已经有了比较成熟的自我意识，尤其是在涉及人身关系的变动方面，能够表达自己的真实意愿，作出符合自己内心真实意思的判断，这也是收养应当最有利于被收养人利益原则的体现。

第一千一百零五条　收养应当向县级以上人民政府民政部门登记。收养关系自登记之日起成立。

收养查找不到生父母的未成年人的，办理登记的民政部门应当在登记前予以公告。

收养关系当事人愿意签订收养协议的，可以签订收养协议。

收养关系当事人各方或者一方要求办理收养公证的，应当办理收养公证。

县级以上人民政府民政部门应当依法进行收养评估。

❖ 条文主旨 ❖

本条是关于收养登记、收养协议、收养公证以及收养评估的规定。

❖ 条文解读 ❖

所谓收养登记，是国家通过主管部门对申请建立收养关系的当事人，依照收养法规定的收养条件进行审查，对符合法定收养条件的准予登记，收养关系随之成立的一项制度。它是中国公民收养查找不到生父母的未成年人以及儿童福利机构抚养的孤儿和外国人收养中国儿童取得合法收养关系的必经程序。从这一规定看，收养登记属于一种行政确认行为，行政机关只负责对当事人遵循平等自愿原则所建立收养关系的合法性及其结果进行审查确认。国家建立收养登记制度意义重大，通过这一制度，国家能够对收养关系的建立进行监督，及时发现和纠正违反收养制度的行为，依法保护收养关系当事人尤其是被收养人的合法权益，促进家庭和睦和社会稳定。国家要求对收养关系进行登记，还体现了国家对公民收养子女的关心，通过收养登记，亦可对公民进行有关收养的法治宣传，防止违反收养法律规定的行为发生。

本条第 1 款首先对收养登记作出规定。根据本款规定，收养应当向县级以上人民政府民政部门登记。收养关系自登记之日起成立。负责代表国家进行收养登记的职能部门是民政部门，且在部门层级上必须是县级以上人民政府的民政部门。因此，办理收养登记的法定机关是县级以上人民政府的民政部门。由于被收养人的情况不一，针对不同类型的被收养人，承担具体登记职责的民政部门也有所不同。

本条第 2 款规定，收养查找不到生父母的未成年人的，办理登记的民政部门应当在登记前予以公告。本款是 1998 年修改收养法新增加的条款，是对于收养查找不到生父母的未成年人的登记程序的特殊要求。对于查找不到生父母的未成年人而言，尽管在送养人提交申请文件及材料环节已经要求其提交相关的原始记录、报案证明等，但为了在正式办理登记前再次确认该未成年人确属查找不到生父母的状况，本款对于办理登记的民政部门附加了应予公告的义务，其目的在于最大限度地查找未成年人的生父母，尽可能使未成年人回归原始家庭，以最大程度保护其合法权益。根据《中国公民收养子女登记办法》

第7条第2款规定，收养查找不到生父母的弃婴、儿童的，收养登记机关应当在登记前公告查找其生父母；自公告之日起满60日，弃婴、儿童的生父母或者其他监护人未认领的，视为查找不到生父母的弃婴、儿童。公告期间不计算在登记办理期限内。因此，对于查找不到生父母的未成年人的收养程序的办理，除遵从一般的程序性要求外，还必须按要求进行公告。

本条第3款是关于收养协议的规定，即收养关系当事人愿意签订收养协议的，可以签订收养协议。与收养登记不同，本法对于收养协议的签订并非强制性规定，而是可以由当事人根据具体情况自愿选择是否签订。鉴于收养是变更身份的民事法律行为，如果当事人选择签订收养协议，必须由收养人与送养人双方亲自进行，不得由他人代理。收养协议中，无论是收养人、送养人还是被收养人，必须符合法律规定的条件要求，其内容也必须符合相关的规定。如果被收养人已年满8周岁，收养协议中还必须包含被收养人同意收养的意思表示。从形式上讲，收养协议应当采用书面形式，双方当事人各执一份，协议自双方当事人签字盖章之日起生效。

本条第4款是关于办理收养公证[①]的规定，即收养关系当事人各方或者一方要求办理收养公证的，应当办理收养公证。从这一规定看，收养公证并非收养的必经程序，只有收养关系的各方当事人或者一方当事人提出办理收养公证的要求时，才依法予以办理。从办理顺序上看，公证一般应当在签订收养协议并且办理收养登记后进行；如果尚未办理收养登记，仅就收养协议进行公证，只能证明协议是真实合法的，并不能证明收养关系已经成立。根据《司法部关于贯彻执行〈中华人民共

① 公证：公证机构根据自然人、法人或者其他组织的申请，依照法定程序对民事法律行为、有法律意义的事实和文书的真实性、合法性予以证明的活动。

和国收养法〉若干问题的意见》的规定，新收养法施行后，收养关系的成立和协议解除收养关系以登记为准。公证机构办理收养协议或解除收养关系协议公证时，应告知当事人有关办理登记的法律规定并记录在卷，但已经登记的除外。因此，要牢牢把握收养关系成立以登记为准的原则，避免以收养公证代替收养登记来认定收养关系的成立。

本条第 5 款是关于收养评估的规定，即县级以上人民政府民政部门应当依法进行收养评估。本法第 1044 条确立了收养应当遵循最有利于被收养人的原则，第 1098 条规定了收养人应当具备的条件。通过收养评估，能够更加准确、客观地确定收养人所具备的抚养教育被收养未成年人的能力，使更符合条件、更具备能力的主体成为收养人，能够从程序和实体两方面保障被收养人的利益，体现最有利于被收养人的收养原则。从世界上其他国家和地区的立法看，美国、加拿大、西班牙、荷兰、法国、挪威等国家都有对收养人能力的调查了解程序，我国香港特别行政区、澳门特别行政区、台湾地区也均在收养工作中建立了收养能力评估机制。我国民政部已分两批启动开展了收养能力评估试点工作。从实践情况看，绝大多数试点地区均引入了专业社工力量，使用了社会工作方法，收养评估的内容包括收养动机、家庭状况、品德品行等方面，评估结果更具科学性和可行性。考虑到收养评估所具有的重要意义，结合各地已经较为成熟的试点经验情况，本款对收养评估作了规定。根据这一规定，收养评估由县级以上人民政府民政部门负责实施，且应当依法进行。关于收养评估的标准、程序、条件等，可由国务院有关部门根据本款的规定制定具体的实施办法。

第一千一百零六条　收养关系成立后，公安机关应当按照国家有关规定为被收养人办理户口登记。

❖ 条文主旨 ❖

本条是关于为被收养人办理户口登记的规定。

❖ 条文解读 ❖

收养关系成立后，收养人与被收养人之间就成立了拟制的父母子女关系，适用一切同父母子女关系有关的规定。从户籍管理的角度，既然在法律上被收养人已经成为收养人的子女，理应将被收养人纳入收养人的户籍之中。根据《中国公民收养子女登记办法》第 8 条的规定，收养关系成立后，需要为被收养人办理户口登记或者迁移手续的，由收养人持收养登记证到户口登记机关按照国家有关规定办理。

围绕本条，需要明确以下几点：第一，为被收养人办理户口登记的前提是必须成立收养关系。根据本法第 1105 条的规定，收养关系自登记之日起成立。只有通过合法的收养登记成立收养关系后，收养人才能申请公安机关为被收养人办理有关的户口登记。第二，办理登记的职能部门是公安机关。这一点是由我国的户籍管理体制所决定的，无须多言。第三，根据被收养人的不同情况，需要办理的户口登记类型既包括原始的户口登记，也包括户口迁移。比如，在为孤儿、生父母有特殊困难无力抚养的子女办理户口手续时，因其户籍原来可能已落在其生父母或者其他监护人处，因此，需要办理的是户口的迁移手续；而如果是为儿童福利机构抚养的查找不到生父母的未成年人办理户口手续，因本就无法查知其生父母原来的户籍所在地，此时需要为被收养人办理的就是原始的户籍登记手续。第四，为被收养人办理户口登记，需要依照国家有关规定进行。我国有不少关于户口登记的管理制度，这些制度对于规范公众的户口关系，提升户籍管理水平发挥了重要作用，为被收养人办理户口登记时，应当按照这些规定的要求，依法办理。尤其是随着近些年城镇化进程的加快，大城市“落户难”的情况日益突出。如果对于被收养人不加区别地一律准予在收养人所在地落户，可能会出现与收养人所在城市、省份户籍管理政策相抵牾的现象，不利于当地的人口管理。甚至在个别的一些地方，会出现借收养达到落户的目的等。在这种情况下，严格依照有关规定办理被收养人的户口登记，就显得尤为重要。

第一千一百零七条　孤儿或者生父母无力抚养的子女，可以由生父母的亲属、朋友抚养；抚养人与被抚养人的关系不适用本章规定。

◆ 条文主旨 ◆

本条是关于生父母的亲属或者朋友抚养其子女不适用收养的规定。

◆ 条文解读 ◆

本法第1093条规定了被收养人的范围，包括丧失父母的孤儿、查找不到生父母的未成年人以及生父母有特殊困难无力抚养的子女。也就是说，这三类主体可以通过收养制度来实现权益保护的目的。那么，除了适用收养制度之外，是否还可以通过别的方式来对该类主体的权益保护呢？根据本条规定，通过抚养的方式，我们也可以实现对于孤儿以及生父母无力抚养的子女的照顾养育，只是抚养人与被抚养人之间的关系不适用本章关于收养的规定。

所谓抚养，是指无民事行为能力或者限制民事行为能力的未成年人的亲属或者其他主体对未成年人所承担的抚养、保护和教育的责任。一般来说，引起抚养权变更的原因大致包括以下几点：一是与未成年子女共同生活并负有抚养义务的一方患有严重疾病或因伤残等丧失继续抚养未成年子女的条件。二是与未成年子女共同生活的一方未尽到抚养义务或者在共同生活期间有虐待行为的发生，对未成年子女的身心健康产生了不利的影响。三是共同生活的未成年子女在满 8 周岁以后，要求并愿意与另一方生活的。根据本法规定，抚养包括的范围较广：首先，父母对子女有抚养的义务。本法总则编第 26 条第 1 款规定，父母对未成年子女负有抚养、教育和保护的义务。其次，祖父母、外祖父母在一定情形下对孙子女、外孙子女也负有抚养义务。本法第 1074 条第 1 款规定，有负担能力的祖父母、外祖父母，对于父母已经死亡或者父母无力抚养的未成年孙子女、外孙子女，有抚养的义务。最后，兄姐与弟妹在一定条件下，也相互负有扶养的义务。本法第 1075 条规定，有负担能力的兄、姐，对于父母已经死亡或者父母无力抚养的未成年弟、妹，有扶养的义务；由兄、姐扶养长大的有负担能力的弟、妹，对于缺乏劳动能力又缺乏生活来源的兄、姐，有扶养的义务。与抚养的适用范围较广不同，收养只能是在收养人与被收养人之间成立父母子女关系，且收养成立后，被收养人与其生父母及其近亲属之间的权利义务关系因收养的成立而消除。本条最主要的规范目的，即在于说明抚养关系与收养关系的不同以及抚养不能适用收养的有关规定。

根据本条规定，当孤儿或者生父母有特殊困难无力抚养的子女没有通过收养重新确立父母子女关系时，生父母的亲属、朋友可以通过抚养未成年人来实现对其权益的保护，其实质是未成年人的抚养权发生了变更。这不仅涉及未成年人今后的生活环境及成长条件的改变，而且关系各方面关系人的抚养权问题。首先，抚养权的变更，受影响最为直接的是未成年人本人。基于未成年人利益最大化的原则，当原先的抚养人死亡或者丧失抚养条件时，变更抚养权能够有效维护未成年人良好的成长环境。其次，允许生父母的亲属、朋友在有抚养能力及抚养意愿时承担抚养未成年人的义务，充分考虑到了生父母与其亲属、朋友之间的情感联系，也在实现未成年人利益保护的同时，避免了有可能出现的法律冲突。最后，生父母的亲属、朋友抚养未成年人时，不受本章有关收养规定的限制。因此，本章有关收养条件、收养人数、收养登记等一系列规定，均不适用于生父母的亲属、朋友抚养未成年人的情形。当然，这里需要指出的是，如果生父母的亲属、朋友在承担了对未成年人的抚养义务之后，因为各种原因出现了无力承担抚养教育未成年人的情形时，从保护未成年人利益的角度考虑，应当及时、再次变更抚养权人，以确保未成年人的利益不致受到损害。

第一千一百零八条　配偶一方死亡，另一方送养未成年子女的，死亡一方的父母有优先抚养的权利。

❖ 条文主旨 ❖

本条是关于祖父母、外祖父母优先抚养权的规定。

❖ 条文解读 ❖

根据本法第 1094 条的规定，生父母在因特殊困难无力抚养子女时，可以作为送养人，将子女送给他人收养。同时，本法第 1097 条对于生父母送养子女的原则性要求作了规定，即生父母送养子女的，应当双方共同送养。那么，在配偶一方死亡的情形之下，另一方可能因存在特殊困难无力抚养子女而有送养子女的需求，此时，这种送养行为是否应当受到一定限制呢？这里首先需要指出的是，对于监护人送养孤儿的，本法第 1096 条是作出了限制性规定的。根据该条，监护人送养孤儿的，应当征得有抚养义务的人同意。有抚养义务的人不同意送养、监护人不愿意继续履行监护职责的，应当依照有关规定另行确定监护人。那么，对于配偶一方死亡，另一方决定送养未成年子女的，会受到何种限制性要求呢？本条即对此作出了规定。

根据本条规定，配偶一方死亡，另一方送养未成年子女的，死亡一方的父母有优先抚养的权利。在我国的国情下，一般而言，祖父母、外祖父母对于自己的孙子女、外孙子女都疼爱有加，所谓“隔代亲”即指此义。尤其是当自己的子女死亡后，无论是基于对孙子女、外孙子女的疼爱，还是基于对自己子女情感的延续，祖父母、外祖父母一般都愿意承担起抚养孙子女、外孙子女的责任。在这一背景下，本条赋予他们在未成年人被送养时优先抚养的权利，这对于未成年人而言，无疑是有利的，也尊重了老人对自己子女、孙子女、外孙子女的情感需求。依据本条，如父亲死亡，母亲因特殊困难送养未成年子女的，祖父母可以不同意送养，而主张由自己抚养孙子女。同样，母亲死亡，父亲因特殊困难送养未成年子女的，外祖父母也可以不同意送养，表示由自己抚养外孙子女。本条赋予祖父母、外祖父母对于孙子女、外孙子女优先抚养的权利，能够使未成年人在充满关爱的熟悉环境中健康成长，有助于保护未成年人的利益。

第一千一百零九条　外国人依法可以在中华人民共和国收养子女。

外国人在中华人民共和国收养子女，应当经其所在国主管机关依照该国法律审查同意。收养人应当提供由其所在国有权机构出具的有关其年龄、婚姻、职业、财产、健康、有无受过刑事处罚等状况的证明材料，并与送养人签订书面协议，亲自向省、自治区、直辖市人民政府民政部门登记。

前款规定的证明材料应当经收养人所在国外交机关或者外交机关授权的机构认证，并经中华人民共和国驻该国使领馆认证，但是国家另有规定的除外。

❖ 条文主旨 ❖

本条是关于外国人在中国收养子女的规定。

❖ 条文解读 ❖

本条第1款规定，外国人依法可以在中华人民共和国收养子女。这里的“依法”是指依照我国有关收养的法律法规进行收养行为。从这一表述看，外国人在我国为收养行为，在法律适用方面采取的是属地主义，即必须依照中国有关收养的法律法规进行。同时，根据该条第2款规定，外国人在中华人民共和国收养子女，应当经其所在国主管机关依照该国法律审查同意。这说明，除了遵守我国的法律之外，外国人在中国收养子女的，还需要遵守所在国的法律规定。按照本章有关被收养人、送养人以及收养人条件的规定，外国人在我国收养子女的，必须符合这些实质性条件的要求：（1）被收养人方面：丧失父母的孤儿、查找不到生父母的未成年人以及生父母有特殊困难无力抚养的子女这三类主体，均可以作为涉外收养的被收养人由外国人收养。当然，由于我国的收养仅限于未成年人收养，因此，成年人收养并不在涉外收养的范围之列。（2）送养人方面：根据本法第1094条规定，孤儿的监护人、儿童福利机构以及有特殊困难无力抚养子女的生父母，均可以作为送养人送养未成年人。（3）收养人条件方面：本法第1098条规定了收养人应当同时具备的条件，包括无子女或者只有一名子女，有抚养、教育和保护被收养人的能力，未患有在医学上认为不应当收养子女的疾病，无不利于被收养人健康成长的违法犯罪记录，年满30周岁等。当然，在有的情形下，个别条件允许适当放宽。比如，华侨收养三代以内旁系同辈血亲的子女，可以不受收养人无子女或者只有一名子女的限制；外国人原则上最多只能收养两名子女，但是，如果收养的是孤儿、残疾未成年人或者儿童福利机构抚养的查找不到生父母的未成年人，可以不受收养人数及收养人子女数量的限制。

本条第2款主要是对外国人收养的形式要件的规定。根据规定，收养人应当提供由其所在国有权机构出具的有关其年龄、婚姻、职业、财产、健康、有无受过刑事处罚等状况的证明材料，并与送养人订立书面协议，亲自向省、自治区、直辖市人民政府民政部门登记。截至目前，与我国建立收养合作关系的国家有17个，包括美国、加拿大、英国、法国、西班牙、意大利、荷兰、比利时、丹麦、挪威、瑞典、芬兰、冰岛、爱尔兰、澳大利亚、新西兰、新加坡。这些国家的公民在中国收养子女的基本程序如下：（1）递交申请。依照《外国人在中华人民共和国收养子女登记办法》规定，提交收养申请和证明文件，具体包括：①跨国收养申请书；②出生证明；③婚姻状况证明；④职业、经济收入和财产状况证明；⑤身体健康检查证明；⑥有无受过刑事处罚的证明；⑦收养人所在国主管机关同意其跨国收养子女的证明；⑧家庭情况报告，包括收养人的身份、收养的合格性和适当性、家庭状况和病史、收养动机以及适合于照顾儿童的特点等。上述8种证明文件，原则上需要由收养人所在国有权机构出具，经其所在国外交机关或者外交机关授权的机构认证，并经中华人民共和国驻该国使领馆认证。（2）受理登记。中国收养中心对申请进行登记，并通知相关外国中央机关或收养组织。（3）审核选配。根据外国收养人的条件和意愿并结合中国收养中心登记备案的儿童信息，为收养人选择合适的被收养儿童，同时通知外国中央机关或收养组织以征求收养人的意见。（4）签发通知。征得收养国中央机关和收养人同意后，中国收养中心签发《来华收养子女通知书》，并通知被收养人所在地的省级民政部门。（5）亲自来华。外国收养人接到《来华收养子女通知书》后，须持通知书原件亲自来华，到被收养人常住户口所在地的省级民政部门办理收养登记手续。（6）办理登记。省级民政部门对符合法律规定的收养关系当事人办理收养登记，颁发《收养登记证》，出具《跨国收养合格证明》，收养关系自登记之日起成立。从上述具体程序看，我国的涉外收养手续还是较为复杂的，这能够有力保障被收养儿童的合法权益。

根据本条第 3 款规定，上述证明材料应当经收养人所在国外交机关或者外交机关授权的机构认证，并经中华人民共和国驻该国使领馆认证，国家另有规定的除外。与收养法的规定相比，本条增加了“但是国家另有规定的除外”的规定。这主要是考虑到，目前我国正在认真考虑、积极推动加入《关于取消外国公文书认证的公约》，增加除外规定能够为将来加入该公约、履行条约义务留下空间。该公约主要目的是“愿意取消外国公文书需经外交或领事的认证”。

第一千一百一十条　收养人、送养人要求保守收养秘密的，其他人应当尊重其意愿，不得泄露。

❖ 条文主旨 ❖

本条是关于保守收养秘密的规定。

❖ 条文解读 ❖

收养在收养人与被收养人之间成立了拟制的父母子女关

系，涉及送养人、收养人、被收养人等多方主体。收养的成立，势必会对收养家庭、原生家庭以及被收养人本身产生影响。从当事人的角度考虑，在收养成立、家庭关系重新稳定之后，可能会希望保守有关收养的秘密。这里既包括被收养人被收养的事实应予保密，也包括收养家庭、原生家庭的情况的保密。相较于原生家庭父母子女之间的亲子关系，收养所形成的拟制父母子女关系更容易受到外界的影响。实践中，有很多原本相处和谐融洽的养父母与养子女，在收养事实被披露后，心生隔阂，关系淡化，甚至最终导致收养关系的解除。本条即对保守收养秘密作出了规定。

根据本条规定，在收养人、送养人要求保守收养秘密时，其他人应当尊重其意愿，不得泄露。对于被收养人而言，保守收养秘密有助于稳定收养关系，避免对其心理产生影响，从而有利于被收养人的健康成长；对于收养家庭而言，保守收养秘密可以使其免受原生家庭的干扰，维护收养家庭与被收养人之间和睦稳定的家庭关系；对于原生家庭而言，也有助于维护其隐私，使生父母彻底与过去告别，开始新生活，避免被收养人对生父母现有生活的打扰。

第二节　收养的效力

第一千一百一十一条　自收养关系成立之日起，养父母与养子女间的权利义务关系，适用本法关于父母子女关系的规定；养子女与养父母的近亲属间的权利义务关系，适用本法关于子女与父母的近亲属关系的规定。

养子女与生父母以及其他近亲属间的权利义务关系，因收养关系的成立而消除。

❖ 条文主旨 ❖

本条是关于收养拟制效力的规定。

❖ 条文解读 ❖

收养在收养人与被收养人之间成立了拟制的父母子女关系。收养关系成立后，这种后天通过法律拟制形成的父母子女关系，是否与自然形成的父母子女关系同样适用法律？养子女与养父母的近亲属之间的权利义务关系，应当如何确定？收养关系成立后，养子女与生父母及其他近亲属之间的权利义务关系，是继续维持还是自此消除？这些属于本条的规范内容。

首先，关于养父母与养子女间的权利义务关系。根据本条规定，自收养关系成立之日起，养父母与养子女间的权利义务关系，适用本法关于父母子女关系的规定。本法关于父母子女关系的规定主要集中在总则编及婚姻家庭编。比如，本法总则编第 26 条第 1 款规定，父母对未成年子女负有抚养、教育和保护的义务。本法第 1067 条第 1 款规定，父母不履行抚养义务的，未成年子女或者不能独立生活的成年子女，有要求父母给付抚养费的权利。第 1070 条规定，父母和子女有相互继承遗产的权利。这些规范父母子女权利义务关系的规定，都可在收养关系成立后，适用于养父母子女之间。换言之，尽管收养形成的是拟制血亲，但在法律适用方面，其与自然血亲之间并无差别。

其次，关于养子女与养父母的近亲属间的权利义务关系。由于收养关系成立后，养父母子女之间同自然形成的父母子女关系并无二致，因此，在养子女与养父母近亲属关系方面，也同样适用本法关于子女与父母的近亲属之间关系的规定。比如，根据本法第 1074 条第 1 款规定，有负担能力的祖父母、外祖父母，对于父母已经死亡或者父母无力抚养的未成年孙子女、外孙子女，有抚养的义务。假如养父母与养子女形成收养关系后，养父母双双死亡或者丧失抚养能力，那么养父母的父母作为其近亲属，应当在有负担能力的情况下，承担起对于孙子女、外孙子女的抚养义务，尽管孙子女、外孙子女系其子女通过收养而来。

最后，本条第 2 款规定了收养关系成立后，养子女与生父母以及其他近亲属间的权利义务关系相应得以消除。收养关系成立后，养父母与养子女间形成了拟制的父母子女关系。此时，如果养子女与生父母的关系继续维持，则会出现双重的父母子女关系，这将使得亲子关系变得较为复杂，也与人们的普遍认知不符。因此，本条作了上述规定。只要收养关系成立，养子女与生父母及其他近亲属间的权利义务关系就得以消除。许多国家和地区的立法对此作了类似规定。关于本款，有的意见认为，应当参照有关国家的规定，增加继父母收养继子女时，对于该款所规定亲子关系解消效力的部分阻却效果。经研究，我们认为，在继父母收养继子女的情形下，即使不规定亲子关系解消效力的阻却效果，与子女共同生活的生父母与子女之间的关系亦会因收养关系的成立而继续适用本法有关父母子女关系的规定。从实质效果来看，规定阻却效果与否并不影响最终亲子关系的法律适用。因此，本条对此未作规定。

第一千一百一十二条 养子女可以随养父或者养母的姓氏，经当事人协商一致，也可以保留原姓氏。

❖ 条文主旨 ❖

本条是关于养子女姓氏选取的规定。

❖ 条文解读 ❖

根据本法第 1106 条的规定，收养关系成立后，公安机关应当按照国家有关规定为被收养人办理户口登记。在办理登记的过程中，养子女的姓氏选取应当如何确定，是一个值得思考的问题。是沿用自己原来的姓氏，还是随养父或者养母的姓氏？是尊重当事人意愿，还是由国家作出统一规定？本条即对此问题作了规定。

本条对此确定的原则是，养子女可以随养父或者养母的姓氏，经当事人协商一致，也可以保留原姓氏。从这一规定看，在收养关系成立后养子女姓氏的选取方面，立法还是充分尊重了各方当事人的意愿。

本条规定养子女可以随养父或者养母的姓氏，这与本法人格权编有关子女姓氏选取的规定也是一致的。本法人格权编第 1015 条第 1 款规定，自然人的姓氏应当随父姓或者母姓，但是有下列情形之一的，可以在父姓和母姓之外选取姓氏：（1）选取其他直系长辈血亲的姓氏；（2）因由法定扶养人以外的人扶养而选取扶养人姓氏；（3）有不违背公序良俗的其他正当理由。收养关系成立后，养父母与养子女间成立了法律拟制的父母子女关系，允许养子女选取养父或者养母的姓氏，既有助于增强养子女与养父或者养母之间相互的情感认同，便于其更好更快融入收养家庭，也有利于对他人保守收养秘密，维护当事人的隐私权。当然，送养人与收养人在收养关系成立时也可能早已约定好未成年子女的姓氏问题，如果双方协商一致，法律也并不禁止未成年人保留原姓氏。比如，在生父母因特殊困难无力抚养而送养子女时，基于情感方面的考虑，生父母可能希望子女在被他人收养之后仍保留原姓氏。此时，如果收养人对此不持异议，当然是允许的。这充分体现了对于收养关系当事人意思自治的尊重，在实践中也不会有操作上的困难。

第一千一百一十三条　有本法第一编关于民事法律行为无效规定情形或者违反本编规定的收养行为无效。

无效的收养行为自始没有法律约束力。

❖ 条文主旨 ❖

本条是关于收养行为无效的规定。

❖ 条文解读 ❖

收养关系成立之后，在一般情形下，是有效的收养。那么，在哪些情形下收养行为有可能被认定无效，实际上体现了公权力对于收养行为的干预。这其中的原因在于，尽管收养是一种具有人身性质的民事法律行为，其核心是当事人的合意，但作为民事法律行为，收养还必须受到民事法律行为效力判断一般原则的约束，同时也要接受国家在收养领域的一些强制性干预，以确保行为自身的合法性、正当性。本条基于以上考虑，对于无效收养行为作了规定，即有本法总则编关于民事法律行为无效规定情形或者违反本编规定的收养行为无效。

本条对于收养效力问题，采取了与收养法一致的做法，只规定了收养行为的无效。根据本条规定，在两种情形之下，收养行为将被认定为无效。第一，有本法总则编关于民事法律行为无效规定的情形。本法总则编第六章民事法律行为专设第三节规定了民事法律行为的效力。本法第 143 条首先从正面规定了民事法律行为有效应当具备的条件，包括行为人具有相应的民事行为能力、意思表示真实以及不违反法律、行政法规的强制性规定、不违背公序良俗。在此基础上，如果不具备或者不完全具备这些条件的民事法律行为，其效力将受到影响，具体可导致无效、可撤销、效力待定等多种效力形态。其中，属于无效民事法律行为的情形包括：（1）无民事行为能力人实施的民事法律行为无效。（2）行为人与相对人以虚假的意思表示实施的民事法律行为无效。（3）违反法律、行政法规的强制性规定的民事法律行为无效。但是，该强制性规定不导致该民事法律行为无效的除外。（4）违背公序良俗的民事法律行为无效。（5）行为人与相对人恶意串通，损害他人合法权益的民事法律行为无效。从总则编的规定看，这些无效情形涵盖了行为人行为能力欠缺、意思表示不真实、违法性等各个方面，是总则编对于民事法律行为效力否定性评价的主要依据。收养作为具有人身性质的民事法律行为，自然应当受到总则编有关民事法律行为效力评价规定的约束。如果送养人与收养人之间的收养行为具有上述情形的，则行为应属无效。第二，违反本编规定的收养行为无效。除具有总则编无效情形的收养行为应属无效收养之外，如果收养行为违反了婚姻家庭编的规定，也应属于无效的收养行为。例如，收养行为违反了有关被收养人、送养人、收养人的条件，收养人数的限制以及无配偶者收养异性子女的年龄限制等。又如，未依法向县级以上民政部门办理收养登记。再如，违反有关收养应当遵循最有利于被收养人的原则，保障被收养人和收养人的合法权益的规定，违反禁止借收养名义买卖未成年人的规定等，均为无效收养。

本条第 2 款规定，无效的收养行为自始没有法律约束力。根据本法总则编第 155 条规定，无效的民事法律行为自始没有法律约束力。收养作为具有人身性质的民事法律行为，也应遵循法律行为制度的基本原理，一旦被认定无效，也应当是从行为一开始便没有法律约束力。

第三节 收养关系的解除

第一千一百一十四条 收养人在被收养人成年以前，不得解除收养关系，但是收养人、送养人双方协议解除的除外。养子女八周岁以上的，应当征得本人同意。

收养人不履行抚养义务，有虐待、遗弃等侵害未成年养子女合法权益行为的，送养人有权要求解除养父母与养子女间的收养关系。送养人、收养人不能达成解除收养关系协议的，可以向人民法院提起诉讼。

◆ 条文主旨 ◆

本条是关于收养人、送养人协议解除及诉讼解除收养关系的规定。

◆ 条文解读 ◆

收养是在收养人、被收养人之间成立拟制父母子女关系的制度。收养关系自成立之日起，就需要遵循最有利于被收养人的原则，保障被收养人和收养人的合法权益。可以说，最有利于被收养人的原则，需要贯穿收养行为的始终。收养关系成立后，收养人与被收养人之间成立了父母子女关系，收养人作为养父母，应当依法承担起抚养、教育、保护未成年子女的义务，尽心竭力履行监护职责，为未成年子女的健康成长创造良好的条件。同时，这种职责的承担也使得收养人能够真正分享为人父母的快乐，符合收养的初衷。因此，从有利于未成年子女成长的角度考虑，本条确立了原则上在被收养人成年之前，收养人不得单方解除收养关系的规定。这主要是出于确保被收养人能够正常获得生活来源得以健康成长的考虑。如果允许收养人在被收养人成年之前随意解除收养关系，就有可能出现被收养人无人抚养的情形，势必会影响被收养人的生活及成长。当然，这种对收养关系解除的禁止也并非绝对，如果作为收养关系双方当事人的收养人与送养人能够就解除收养关系达成一致协议，被收养人就不会陷入无人抚养的境地，此时，是可以解除收养关系的。但对于被收养人达到 8 周岁以上的，还需要征得被收养人本人的同意。这里要求征得 8 周岁以上的被收养人同意，同样也是出于未成年人利益最大化的考虑。未成年的被收养人尽管不是订立收养协议的当事人，但是对于限制民事行为能力的被收养人而言，其已经具备了一定的认知能力，在决定是否解除收养关系的时候，要求征得被收养人的意见，充分体现了对于未成年子女利益的重视和尊重。

在有的情形下，收养人不履行抚养义务，甚至可能存在虐待、遗弃等损害未成年养子女合法权益的现象。在这种情况下，如果不允许解除收养关系，可能更不利于未成年子女的健康成长。同时，送养人作为送养主体，尽管在收养关系成立后就与被收养人不再具有抚养与被抚养的关系，但赋予送养人必要的“监督”职责，仍是必要的。送养人在收养人具有上述情形时，可以向收养人提出解除收养关系；如果送养人与收养人无法就解除收养关系达成协议，可以通过向法院提起诉讼的方式申请解除。

从本条第 1 款规定看，协议解除收养关系存在以下特点，需要准确把握：一是原则上，在被收养人成年以前，收养人不得单方解除收养关系。这一规定主要是出于对未成年利益的保护，防止因收养人推卸责任而致使未成年人无人抚养的状况出现。二是收养人与送养人经协商一致，可以解除收养关系。在收养人不得随意解除收养关系的原则要求之下，如果收养人与送养人能够协商一致，意味着对未成年人的抚养不会出现问题，从尊重双方当事人意思自治的角度出发，可以允许解除收养关系。三是养子女 8 周岁以上的，应当征得其同意。在送养人、收养人就解除收养关系达成一致的前提下，如果养子女属于 8 周岁以上的限制民事行为能力人，则还需要征得养子女的同意才可解除收养关系。这是因为收养关系的解除不能只考虑送养人、收养人的意愿。养子女 8 周岁以上的，能够基于被抚养经历及情感联系选择最有利于自己的成长环境，此时就需要征得其同意方可解除收养关系。四是收养人、送养人协商解除收养关系只能通过协议解除的方式，不能通过诉讼方式解除。

本条第 2 款是通过诉讼解除收养关系的规定。理解本款需要注意以下几点：一是适用本款规定的前提是被收养人尚未成年。二是本款适用的对象仅为送养人，不适用于收养人或者被收养人。其立法初衷在于，为保护被收养人的合法权益，赋予送养人在一定条件下提起解除收养关系之诉的权利。三是本款的适用情形有严格限制，即收养人不履行抚养义务，有虐待、遗弃等侵害未成年养子女合法权益的行为。如果收养人不存在这些行为，则送养人无权提起解除收养关系的诉讼。

第一千一百一十五条　养父母与成年养子女关系恶化、无法共同生活的，可以协议解除收养关系。不能达成协议的，可以向人民法院提起诉讼。

❖ 条文主旨 ❖

本条是关于养父母与成年养子女解除收养关系的规定。

❖ 条文解读 ❖

本法第 1114 条规定了两种解除收养关系的形式：一种是收养人与送养人之间的协议解除；另一种是收养人有特定侵害

被收养人利益的情形时，送养人通过诉讼解除收养关系。这两种收养关系的解除形式，均是从保障未成年养子女利益的角度出发所作的规定，对于有效保障未成年人利益、确保子女处于健康的成长环境，有重要意义。那么，除了上述两种情形之外，是否还存在其他通过协议或者诉讼解除收养关系的规定呢？本条即是在前条规定的基础上，针对养子女成年后与养父母关系恶化、无法共同生活所作的解除收养关系的规定，可以协议解除，协议不成的，也可以通过诉讼解除。

收养在收养人与被收养人之间成立了拟制的父母子女关系。收养关系成立后，收养人作为养父母承担起抚养、教育和保护未成年养子女的职责，能够为养子女提供温暖的家庭氛围及良好的成长环境，养子女在这样的氛围和环境中，获得了来自身体、心理各方面的抚慰和照顾，同时，收养人作为养父母也能够通过自己的付出，体会为人父母的幸福，感受天伦之乐。此外，不可否认的一点是，我国的收养制度还是养老制度的重要补充。许多养父母收养子女的初衷，除了为国家和社会减轻负担，自愿承担抚养、教育下一代的重任之外，也是为了今后自己能够老有所依、老有所养。然而，家庭生活是复杂的，所谓“家家有本难念的经”。收养关系成立后，尤其是在养父母含辛茹苦，付出巨大时间、金钱、精力将被收养人抚养成年后，被收养人却可能因为各种原因与养父母交恶，以致无法共同生活。原本养父母所抱有的被收养人成年后能够履行对自己的赡养、扶助义务的期待，也会因这种关系的恶化而化为泡影。在这种情形之下，收养就失去了其原本的意义。此时，允许双方协商解除收养关系，是对于彼此都有益的做法。如果经过协商，无法就解除收养关系达成协议，比如，一方坚决要求解除收养关系而对方不同意解除时，要求解除收养关系的一方可以向人民法院提起诉讼来解除收养关系。

正确理解和适用本条，需要注意以下几点：第一，本条解决的是养父母与成年养子女关系恶化、无法共同生活时收养关系的解除，不包括养子女为未成年人时的情形。根据本法第1114条的规定，收养人在养子女未成年时，原则上不得解除收养关系，除非收养人、送养人协议解除。如果收养人因无法解除收养关系而对未成年子女不履行抚养义务，甚至虐待、遗弃未成年子女的，送养人可以要求解除收养关系。第二，本条所规范的养父母与成年养子女之间收养关系的解除，既包括协议解除，也包括诉讼解除。当养父母与成年养子女双方关系恶化、无法共同生活时，可以由一方提出解除收养关系的意思表示，另一方如果同意，则双方就可以协议解除。如果一方提出解除，另一方不同意解除或者对解除收养关系的具体内容不认可，则可以通过向法院提起诉讼的方式解除收养关系。无论是养父母还是成年养子女，均享有诉权。第三，养父母与成年养子女解除收养关系的原因是双方关系恶化、无法共同生活，以至于引起关系恶化的具体原因在所不问。实践中，成年养子女既可能因为生活方式、价值理念的不同而与养父母关系恶化，也可能存在成年后为逃避赡养义务而故意与养父母交恶，无论出于何种原因，此时勉强维持收养关系都于双方无益，都应允许解除收养关系。对于解除收养关系后养父母的生活保障，本法第1118条作了规定，即经养父母抚养的成年养子女，对缺乏劳动能力又缺乏生活来源的养父母，应当给付生活费。

❖ 案例分析 ❖

原告刘甲、刘乙与被告刘丙解除收养关系纠纷一案，向人民法院提起诉讼。二原告提出诉讼请求：（1）要求解除二原告与被告刘丙的收养关系；（2）判令被告给付二原告抚育费

12.5 万元；（3）判令被告每年给付二原告生活费 24744 元；（4）诉讼费用由被告承担。被告辩称：（1）原告与被告关系并没有恶化到不能共同生活的地步，原告要求解除收养关系，无事实依据，不能成立。（2）法院如果判决解除收养关系，在解除的同时应对共同生活期间形成的共同财产进行分割。（3）原告要求给付抚育费没有依据，不应支持。

法院认为，二原告于 1967 年收养被告为子，虽然没有办理收养手续，但其行为发生在《中华人民共和国收养法》实施之前，且亲友、群众公认，应当认定双方存在事实上的收养关系。被告在成年后与二原告关系恶化，造成二原告居住邻居家十年之久，且在二原告回家后，被告一家又外出居住多年，不与二原告共同生活，经村干部调解仍不能和好。由此可见，二原告与被告之间已不具备共同生活的可能，故应解除双方的收养关系。二原告要求被告给付抚育费 12.5 万元，没有明确的事实和法律依据，本院不予支持；二原告均系高龄老人，体弱多病，已丧失劳动能力，没有其他生活来源，且没有其他子女，故原告要求被告给付解除收养关系后的生活费的请求，本院予以支持。根据二原告目前身体状况，参照河北省 2019 年度农村居民人均年消费支出，被告应当先行支付二原告 2020 年度的生活费 24744 元，自 2021 年 1 月起，每月 10 日前支付二原告当月的生活费，生活费的计算参照河北省上年度农村居民人均年消费支出数据。被告要求在解除收养关系时应对共同生活期间形成的共同财产进行分割，因被告未提交证据证明共同财产的范围和价值，故本案不作处理。依据有关法律规定，判决如下：一、解除原告刘甲、刘乙与被告刘丙的收养关系。二、被告刘丙于本判决生效后 10 日内给付原告刘甲、刘乙 2020 年度生活费 24744 元；自 2021 年 1 月起被告刘丙于每月 10 日前支付二原告当月的生活费（生活费的计算参照河北省上年度农村居民人均年消费支出数据)。三、驳回原告刘甲、刘乙的其他诉讼请求。

第一千一百一十六条　当事人协议解除收养关系的，应当到民政部门办理解除收养关系登记。

❖ 条文主旨 ❖

本条是关于解除收养关系登记的规定。

❖ 条文解读 ❖

根据本法第 1105 条第 1 款的规定，收养应当向县级以上人民政府民政部门登记，收养关系自登记之日起成立。作为一种在收养人与被收养人之间成立拟制父母子女关系的民事法律行为，收养需要经登记成立。那么，在收养关系解除后，作为一种民事法律行为的终止方式，也应当在程序上通过登记予以确认。根据《中国公民收养子女登记办法》第 9 条的规定，收养关系当事人协议解除收养关系的，应当持居民户口簿、居民身份证、收养登记证和解除收养关系的书面协议，共同到被收养人常住户口所在地的收养登记机关办理解除收养关系登记。该办法第 10 条还规定，收养登记机关收到解除收养关系登记申请书及有关材料后，应当自次日起 30 日内进行审查；对符合收养法规定的，为当事人办理解除收养关系的登记，收回收养登记证，发给解除收养关系证明。

理解本条需要注意以下几点：第一，本条的规范对象是协议解除收养关系。根据本法第 1114 条、第 1115 条的规定。协议解除收养关系包括以下几种情形：一是收养人与送养人协议解除收养关系。如果被收养人 8 周岁以上的，解除收养关系还须得到被收养人本人的同意。二是收养人不履行抚养义务，有虐待、遗弃等侵害未成年养子女合法权益行为的，送养人有权要求解除养父母与养子女之间的收养关系。此种情况下，送养人与收养人也可以通过协议的方式解除收养关系。三是养父母与成年养子女关系恶化、无法共同生活的，养父母与成年养子女可以通过协议的方式解除收养关系。因此，在上述三种情形下，如果双方达成了解除收养关系的协议，应当到民政部门办理解除收养关系登记。第二，按照有关程序要求，双方应携带必要的材料，共同到民政部门办理解除收养关系登记。同收养关系成立一样，收养关系的协议解除体现的也是双方的共同合意，只有双方同时到民政部门办理解除收养关系登记，才便于民政部门准确查明双方合意，正确办理登记。第三，民政部门查明双方的协议解除符合有关规定，依法办理登记，收养关系自登记之日起解除。民政部门在办理解除收养关系登记时，应当按照收养的有关规定进行审核，只有符合规定的，才可以办理解除登记。同时，与收养关系自登记之日起成立一样，收养关系的解除效力也应自解除收养关系登记之日起算。

第一千一百一十七条　收养关系解除后，养子女与养父母以及其他近亲属间的权利义务关系即行消除，与生父母以及其他近亲属间的权利义务关系自行恢复。但是，成年养子女与生父母以及其他近亲属间的权利义务关系是否恢复，可以协商确定。

❖ 条文主旨 ❖

本条是关于收养关系解除法律后果的规定。

❖ 条文解读 ❖

收养关系解除后，面临的首要问题就是未成年的养子女抚养、教育和保护。因为收养关系一旦解除，收养人与被收养人之间拟制的父母子女关系即告消除。从收养人的角度来说，其不可能再自愿承担起对被收养人的抚养、教育和保护义务。即使法律作了强制性规定，也无法再像收养关系存在时那般尽心竭力。因此，为了保护收养关系解除后被收养人的抚养教育问题，立法需要作出规定。

一方面，考虑到生父母与被收养人之间始终存在无法割舍的血缘联系，在收养关系解除后，立法要求生父母承担起对于未成年子女的抚养教育责任，以确保未成年子女的利益不受侵犯。因此，本条规定了在收养关系解除后，养子女与养父母以及其他近亲属的权利义务关系即行消除，而与生父母以及其他近亲属的权利义务关系自行恢复，无须办理任何手续。同时，也不区分协议解除还是诉讼解除，均产生此种法律后果。这样一来，对于未成年被收养人的抚养、教育就不会出现真空，能够自动得以接续，未成年人可以继续在良好的环境下健康成长。另一方面，如果收养关系解除后，养子女已经成年，意味着该子女已经具备完全民事行为能力，具有独立的思考和认知能力，可以自主决定未来的生活安排，能够依据自己的所思所想规划未来，包括与谁确立亲子关系等。因此，立法有必要赋予成年养子女与生父母以及其他近亲属在收养关系解除后是否恢复权利义务关系的选择权，尊重双方的自由意志和选择。这既体现了对成年养子女及其生父母独立人格的尊重，也在一定程度上体现了权利义务相对等的原则：一方面，成年养子女会对生父母将自己送养别人而未尽抚养教育之责心有不满；另一方面，成年养子女长期与养父母共同生活，与生父母之间没有太多生活经历，双方很难建立深厚的情感。

我国在收养关系解除法律后果的规定方面，比较符合国际上的趋势，既把未成年人利益的保护放在突出和首要的位置，也尊重了生父母与成年养子女的人格独立与自由选择，具有合理性。

第一千一百一十八条　收养关系解除后，经养父母抚养的成年养子女，对缺乏劳动能力又缺乏生活来源的养父母，应当给付生活费。因养子女成年后虐待、遗弃养父母而解除收养关系的，养父母可以要求养子女补偿收养期间支出的抚养费。

生父母要求解除收养关系的，养父母可以要求生父母适当补偿收养期间支出的抚养费；但是，因养父母虐待、遗弃养子女而解除收养关系的除外。

❖ 条文主旨 ❖

本条是关于收养关系解除后生活费、抚养费支付的规定。

❖ 条文解读 ❖

收养关系存续期间，收养人除了付出时间和精力尽心照顾未成年子女之外，还要为子女的健康成长支出生活费、教育费、医疗费等各方面费用。在收养关系一直维持的情况下，收养人在精神和物质方面的付出可以通过将来养子女成年后履行赡养、扶助义务得到回报和补偿。但是，在收养关系解除后，收养人在收养关系存续期间所付出的各项费用便无法通过被收养人将来履行赡养义务的方式进行补偿。此时，从权利义务相对等的角度出发，立法需要对双方进行利益上的平衡。

本条第 1 款即是对此所作的针对性规定：收养关系解除后，经养父母抚养的成年养子女，对缺乏劳动能力又缺乏生活来源的养父母，应当给付生活费。因养子女成年后虐待、遗弃养父母而解除收养关系的，养父母可以要求养子女补偿收养期间支出的抚养费。作出这样的规定，主要是为了保护收养人的合法权益，妥善处理解除收养关系后的事宜。对于生父母要求解除收养关系的，本条第 2 款作出规定，养父母可以要求生父母适当补偿收养期间支出的抚养费；但是，因养父母虐待、遗弃养子女而解除收养关系的除外。正确理解和适用本条，需要注意以下几点：一是收养关系解除后，成年养子女应对抚养过自己的、缺乏劳动能力又缺乏生活来源的养父母给付生活费。这里不区分协议解除还是诉讼解除，只要养父母尽了对于养子女的抚养义务，养子女成年后，对于缺乏劳动能力又缺乏生活来源的养父母，都应当给付生活费。这里需要满足几项条件：（1）收养关系已经解除。既包括协议解除，也包括诉讼解除。（2）养父母须实际抚养过养子女。如果收养关系成立后，养父母并未对养子女尽抚养义务，则其无权在养子女成年后要求支付生活费。这里体现的仍然是权利义务相对等的原则。（3）养父母具有缺乏劳动能力又缺乏生活来源的情形。由于收养关系解除后，养父母与养子女间已经不再具有父母子女关系。此时，要求成年养子女向养父母给付生活费，更多是基于养父母之前的抚养事实。因此，这一情形应该加以限制，即只有在养父母既缺乏劳动能力又缺乏生活来源时，成年养子女才负有给付生活费的义务。二是根据本法第 1115 条规定，养父母与成年养子女关系恶化、无法共同生活的，既可以协议解除收养关系，也可以通过诉讼方式解除收养关系。此种情况下收养关系的解除，既可能确因双方生活观念不符所致，也可能是因成年养子女虐待、遗弃养父母而解除。在后一种情况下，尽管收养关系最终解除，但养父母可以要求养子女补偿收养期间支出的抚养费。这种补偿，一方面是考虑权利义务的对等，另一方面也是体现对养子女虐待、遗弃养父母行为的一种惩戒，是合理的。三是生父母提出解除收养关系要求的，养父母可以要求生父母适当补偿收养期间支出的抚养费。在生父母提出解除收养关系要求的情形下，考虑到养父母对于养子女的成长付出了经济、时间等各方面的巨大成本，赋予养父母对于生父母抚养费的补偿请求权是合适的，但这种请求权有两个方面限制：第一，养父母可以要求适当补偿抚养费支出。在长期的收养关系存续期间，养父母的具体支出是难以准确计算的。因此，养父母可以结合自己抚养教育养子女的具体情况，提出一个适当、大致的补偿标准。第二，解除收养关系的请求虽由生父母提出，但原因在于养父母虐待、遗弃养子女的，由于养父母自身存在过错，其无权提出补偿抚养费的请求。